APRENDENDO A ORAR

DESCUBRA COMO ALCANÇAR UMA NOVA E
PROFUNDA VIDA DE COMUNHÃO COM DEUS

WARREN WIERSBE

APRENDENDO A ORAR

DESCUBRA COMO ALCANÇAR UMA NOVA E
PROFUNDA VIDA DE COMUNHÃO COM DEUS

WARREN WIERSBE

2ª EDIÇÃO
SANTO ANDRÉ, SP
2023

© Originally published in English under the title: Prayer 101
© 2016 by Warren Wiersbe. David C Cook 4050 Lee Vance View, Colorado Springs. Colorado 80918 U.S.A..

© Geográfica Editora
Todos os direitos desta obra pertencem a Geográfica Editora © 2023
www.geografica.com.br
O conteúdo desta obra é de responsabilidade de seus idealizadores. Quaisquer comentários ou dúvidas sobre este produto escreva para: produtos@geografica.com.br

Diretora editorial
Maria Fernanda Vigon

Editor responsável
Marcos Simas

Editor assistente
Adriel Barbosa

Tradução
Alzeli Simas

Capa
Rick Szuecs

Preparação de texto
Cleber Nadalutti

Revisão
João Rodrigues Ferreira
Carlos Buczynski
Nataniel Gomes
Patricia Abbud Bussamra
Patrícia de Oliveira Almeida
Nívea Alves da Silva

Diagramação
Pedro Simas

SIGA-NOS NAS REDES SOCIAIS

 geograficaed   geoeditora

 geograficaeditora   geograficaeditora

W648a	Wiersbe, Warren
	Aprendendo a orar: descubra como alcançar uma nova e profunda vida de comunhão com Deus. 2. ed. / Warren Wiersbe. Traduzido por Alzeli Simas. – Santo André: Geográfica, 2022.
	160p. ; 16x23cm.
	ISBN 978-85-8064-222-3
	1. Livro de orações. 2. Palavra de Deus. I. Título. II. Simas, Alzeli.
	CDU 243

Dedicado a todos os nossos parceiros de oração ao redor do mundo que nos apoiaram e auxiliaram o nosso ministério por mais de sessenta anos.
Warren e Betty Wiersbe

Sumário

Prefácio   9

Primeira etapa: Aprendendo a orar
1. Definindo um mistério   13
2. "A oração foi tão longa que a minha comida esfriou!"   21
3. "Eu tenho um pedido inexprimível"   29
4. "Senhor, que este acidente seja desfeito!"   33
5. "Vamos ter uma palavra de oração"   43
6. "Obrigado, Pai, por morrer por nós naquela cruz"   47
7. "Nós simplesmente teremos de orar por boa sorte"   49
8. "Sussurre uma oração por mim"   53
9. "Não batalhe em oração – apenas creia"   59
10. "Orar pelos meus inimigos? Você certamente está brincando!"   65
11. "Vamos juntar as mãos, curvar a cabeça, fechar os olhos e orar"   69

Segunda etapa: Avançando no aprendizado sobre a oração

12. "Ensina-nos a orar", nível inicial	75
13. A oração segundo a vontade de Deus	79
14. A oração e os propósitos de Deus	85
15. A oração e a obra do Espírito Santo	89

Terceira etapa: Construindo sua autoridade na oração

16. O seu relacionamento com Deus define as suas orações	95
17. O seu relacionamento com outras pessoas define as suas orações	101
18. Esquizofrenia religiosa	105
19. Presunção perniciosa	111

Hora da avaliação

20. Fazendo um inventário da sua vida de oração	123

Vivendo na prazerosa disciplina da oração

21. Aproximando-se do trono da graça	139
Bibliografia selecionada	153
Créditos bíblicos	155

Prefácio

O que o Livro de oração comum diz sobre o casamento também pode ser aplicado à prece cristã: "O casamento não deve ser encarado de forma leviana ou descuidada, mas sim com uma postura de reverência e temor a Deus."

Na linguagem de hoje, a frase "uma postura de reverência e temor a Deus" significa, simplesmente, que a *oração é uma coisa séria*. Afinal, a verdadeira prece significa estar em comunhão com o Criador do universo, cooperando para o cumprimento da sua vontade na terra. Se fosse convidado para falar com o presidente dos Estados Unidos na Casa Branca, ou com a realeza no palácio de Buckingham, eu me sentiria incrivelmente honrado e me prepararia da melhor maneira possível para apresentar-me bem. Deveria me sentir menos honrado ou estar menos preparado para encontrar meu Pai celestial e o meu Salvador diante do trono da graça? A oração deve ser uma comunhão alegre e, ao mesmo tempo, um encontro sério, no qual desejo me aproximar do trono de Deus com reverência e temor. O profeta Malaquias provavelmente pensou algo parecido quando repreendeu os sacerdotes do templo por oferecerem sacrifícios indignos do Senhor:

"Na hora de trazerem animais cegos para sacrificar, vocês não veem mal algum. Na hora de trazerem animais aleijados e doentes como oferta, também não veem mal algum. Tentem oferecê-los de presente ao governador! Será que ele se agradará de vocês? Será que os atenderá?", pergunta o Senhor dos Exércitos. (Ml 1.8)

A oração não é apenas uma coisa séria, é também um privilégio caro. Por que as nossas preces deveriam ser como os sacrifícios desprezíveis do templo sobre os quais Malaquias falou, uma vez que Cristo precisou sofrer e morrer só para tornar possível o privilégio da oração? O acesso dos cristãos ao Lugar Santíssimo para falar com o Senhor custou a vida de Jesus na cruz. Não foram os seus ensinamentos ou milagres que rasgaram o véu do templo de cima a baixo, abrindo "um novo e vivo caminho" (Hb 10.20). O véu foi rasgado porque Jesus derramou o seu sangue pelos nossos pecados.

Não levar a oração a sério, orar de forma descuidada e irreverente, é menosprezar a morte do Filho Unigênito de Deus. O Senhor não responde a orações levianas.

Primeira etapa:

Aprendendo a orar

Aquele que aprendeu a orar descobriu o maior segredo para ter uma vida santa e feliz.
William Law

A oração é a coisa mais importante da minha vida. Quando negligencio a oração por um único dia perco grande parte do fogo da fé.
Martinho Lutero

Prefiro saber orar a ser um grande pregador; Jesus Cristo nunca ensinou seus discípulos a pregar, apenas a orar.
Dwight L. Moody

1

Definindo um mistério

"Todos nós *sabemos* o que é a luz", disse Samuel Johnson a seu amigo James Boswell, "no entanto, não é algo fácil de *explicar*." Ele poderia ter dito a mesma coisa a respeito da oração, embora tenha mencionado que "raciocinar filosoficamente sobre a natureza da oração é algo muito improdutivo". Reflita sobre essa declaração.

O que, afinal, é a oração? Será que podemos defini-la? E mais, precisamos mesmo defini-la? E se o Senhor é um Deus todo-poderoso, por que ele simplesmente não faz o que precisa ser feito? Realmente precisa da *nossa* ajuda por meio da oração para realizar as coisas? Se ele é um Deus onisciente, por que precisamos orar? O próprio Jesus nos ensinou que o Pai sabe do que precisamos antes mesmo de lhe pedirmos (veja Mt 6.8). Então, por que devemos orar? Se ele é um Deus amoroso e conhece as nossas necessidades, precisa esperar que oremos a fim de agir em nosso benefício? Seria o Altíssimo nosso servo?

Quanto mais refletimos sobre a oração e tentamos explicá-la, mais desconcertante ela parece. Isso me lembra a fábula da centopeia e do besouro. O besouro perguntou à centopeia: "Como você sabe em qual ordem deve mexer cada perna?" A centopeia respondeu: "Para falar a verdade, nunca pensei muito sobre isso." E, quanto mais a centopeia pensava sobre aquela pergunta, mais confusa ela se tornava, até que, finalmente, ficou tão desnorteada que não conseguiu mais se mexer.

Para tornar as coisas ainda mais desafiadoras — e tenho um bom motivo para fazer esta pergunta, por isso, peço um pouco de paciência — como Deus é eterno, ele estabelece relação com as orações do seu povo, que são oferecidas no tempo? Teria ele respondido a essas orações antes mesmo da criação do mundo? Como definimos o tempo e a eternidade? "Que é, pois, o tempo?", perguntou Agostinho. "Se ninguém me perguntar, eu sei; se o quiser explicar a quem me fizer a pergunta, já não sei."[1] Tanto a humilde centopeia quanto o grande Agostinho nos advertem que, em algumas questões, a análise pode levar à paralisia.

O estimado autor, Oswald Chambers, refletiu sobre essas questões e escreveu: "Somos todos agnósticos em relação a Deus, ao Espírito Santo e à oração. É tolice dizer que a oração é racional; ela é, na verdade, a coisa mais supra-racional que existe."[2] Observe a sua cuidadosa escolha de palavras: a oração não é *irracional*, mas sim *supra-racional*, isto é, ela está *acima dos maiores pensamentos que poderíamos ter*. Da mesma maneira que a fé, a esperança, o amor, a alegria e uma série de outras experiências espirituais e emocionais preciosas, a oração não pode ser colocada dentro de um recipiente e levada até um laboratório para ser testada — isso, porém, não a torna menos real. Para citar Chambers novamente: "A oração não é lógica, ela é uma misteriosa obra moral do Espírito Santo."[3]

Portanto, do ponto de vista dos incrédulos, a pergunta é: "Por que orar?" Mas, do ponto de vista dos cristãos, a pergunta é: "Por que *não* orar?" Somos filhos de Deus e, como tal, precisamos falar com o nosso Pai, assim como ouvir o que ele diz. Na verdade, a vida cristã começa com o Espírito Santo falando ao nosso coração, nos concedendo a garantia da salvação, dizendo: "*Aba*, Pai" (Gl 4.6). Ecoamos essas palavras por meio do nosso próprio testemunho (veja Rm 8.15). Quando o Senhor, depois de ter ascendido, quis assegurar a Ananias de Damasco que era seguro ministrar a Saulo, disse-lhe: "Ele está orando" (At 9.11). Essa era a prova de que Ananias precisava.

A maioria de nós não compreende como funcionam a nossa mente e o nosso corpo, mas, ainda assim, somos capazes de levar uma vida praticamente normal em um mundo difícil. Não sei explicar como o meu carro funciona, contudo, sou capaz de dirigi-lo, e embora os mecanismos de funcionamento do meu computador me deixem perplexo, consigo ligá-lo e desligá-lo, assim como usá-lo para escrever cartas e livros. Posso até imaginar o que você está pensando: "Espere um pouco. Quanto mais entendemos sobre nosso carro e nosso computador, mais capazes somos de usá-los e interagir com eles." Concordo. *E, quanto mais eu conhecer o Senhor e a sua Palavra, melhor será a minha oração e a minha capacidade de ouvir a resposta de Deus.* No entanto, não precisamos esperar até obtermos um PhD em oração para nos aproximarmos do trono da graça. Até mesmo um cristão recém-convertido pode clamar: "*Aba* [papai], Pai!!"

Uma pessoa perguntou à senhora Einstein: "Você entende as equações matemáticas do doutor Einstein?" Ela respondeu: "Não, mas entendo o doutor Einstein." Será que eu entendo as equações eternas envolvidas no ato de oração ao Pai? Não, mas estou sendo capaz de compreendê-lo melhor, e isso me ajuda a orar.

Muitos dos fariseus que Jesus conheceu tinham bom conhecimento teológico, porém não conheciam a Deus. Os escribas contavam as letras das palavras escritas em seus pergaminhos sagrados do Antigo Testamento, mas não buscaram sobre o Senhor que escreveu aquelas palavras por intermédio de seus servos. Trinta anos após a sua conversão, Paulo orou: "Quero conhecer Cristo" (Fp 3.10a) —, e ele havia ido ao céu e voltado! O apóstolo sabia que conhecer melhor a Deus era o segredo para uma caminhada cristã bem-sucedida, incluindo uma vida de oração frutífera. Com certeza, existe um lugar importante no currículo cristão para a teologia sistemática, mas somente se ela nos conduzir a um melhor conhecimento do próprio Senhor.

Então, por que oramos? Porque a oração foi ordenada por Deus para que ele seja glorificado ao atender às nossas necessidades, a fim de que possamos cumprir a sua vontade e realizar a sua obra. "Vocês cobiçam coisas, e não as têm [...] Não têm, porque não pedem." (Tg 4.2). O mesmo Senhor que ordena o fim também determina os meios para esse fim, e a oração é parte importante do processo. Quando Deus deseja realizar algo, ele levanta um homem ou uma mulher ou, talvez, um grupo de cristãos para orarem pelo assunto específico e, por intermédio das orações, o Senhor realiza a sua obra.

Fazia parte do plano de Deus que Davi se tornasse o rei de Israel e que, a partir da família de Davi, nascesse o Redentor. Por isso, o Senhor levantou Ana para orar por um filho, e esse filho, Samuel, ungiu Davi para se tornar rei.

Deus possuía um calendário para o seu povo e ordenou que eles fossem libertos do cativeiro após setenta anos. Quando compreendeu essa promessa, Daniel imediatamente começou a orar para que o Senhor a cumprisse, e Deus assim o fez (Dn 9).

Foi da vontade de Deus que o antecessor prometido (Is 40.1-5; Ml 4.5,6) apresentasse o Redentor à nação de Israel. Por isso, ele tocou o coração de Isabel e Zacarias para orar por um filho, e, assim, João Batista nasceu (Lc 1). Antes do nascimento de Jesus, pessoas tementes a Deus, como Ana e Simeão, estavam orando pela vinda do Messias prometido (Lc 2.21-38), e o Senhor respondeu às suas orações.

"Quer queiramos, quer não", disse Charles Spurgeon, "pedir é a regra do Reino." Pedir nos torna humildes e glorifica a Deus.

Não nos foi concedido compreender plenamente a misteriosa relação entre os conselhos eternos do Altíssimo, as suas promessas e os clamores do seu povo, mas também não é necessário que compreendamos. Deus "é sobre todos, por meio de todos e em todos" (Ef 4.6b), e a sua providência, o seu poder e a sua presença garantem que os seus propósitos serão cumpridos. Contudo, por sua graça, ele nos concedeu o privilégio da oração a fim de que possamos participar da sua grande obra de salvação dos pecadores e da edificação da sua Igreja. "Não temos a mais remota noção do que a nossa oração é capaz de fazer", escreveu Oswald Chambers, "tampouco temos o direito de tentar examiná-la e compreendê-la; tudo o que sabemos é que Jesus Cristo colocou toda a ênfase na oração."[4] Robert Murray McCheyne escreveu: "Se o véu da maquinaria do mundo fosse levantado, veríamos quantas coisas acontecem em resposta às orações do povo de Deus."[5]

Se você precisa de uma definição de oração, considere esta: A oração é o meio pelo qual Deus glorifica a si mesmo, compartilhando seu amor com os seus filhos, atendendo às suas necessidades e cumprindo os seus propósitos por intermédio da vida deles e das outras pessoas.

Essa definição sugerida abrange alguns dos vários aspectos da oração:

Adoração — glorificar a Deus

Comunhão — amar a Deus

Petição — pedir a Deus aquilo de que precisamos

Intercessão — suplicar a Deus em favor de outros

Uma vida cristã equilibrada começa por uma vida de oração equilibrada.

A oração é uma coisa muito séria e deve estar fundamentada no caráter e nas promessas de Deus. Infelizmente, as nossas orações, às vezes, são influenciadas por ideias que não são bíblicas e impedem que o Senhor nos responda. Nós, inconscientemente, imitamos a maneira como as outras pessoas oram, e essas ideias entram e tomam conta de nossa mente. A. W. Tozer costumava nos lembrar que: "A essência da idolatria é entreter-se com pensamentos sobre Deus que não são dignos dele."[6] Nenhum cristão professo se curvaria intencionalmente diante de um ídolo pagão. No entanto, muitos filhos de Deus, em sua ignorância, pedem ao Senhor coisas que são completamente contrárias ao seu caráter e à sua Palavra.

Na primeira seção deste livro, pensaremos juntos a respeito de algumas dessas "declarações religiosas rotineiras" tão populares entre os cristãos durante suas orações e descobriremos por que elas são perigosas. Antes que possamos plantar as sementes da oração e cultivar árvores saudáveis capazes de dar frutos, precisamos arrancar algumas ervas daninhas.

Perguntas para discussão

1. Como Deus sabe tudo a seu respeito e sabe o que vai fazer antes mesmo de você lhe pedir qualquer coisa, por que acha que o Senhor deseja ouvir a sua oração?

2. Quais exemplos de oração de alguns cristãos não são dignos do Deus verdadeiro?

Notas

1. AGOSTINHO, *Confissões*.
2. CHAMBERS, Oswald. *Shade of His Hand: Talks on the Book of Ecclesiastes*. Oxford: Alden, 1924, p. 100.
3. CHAMBERS, Oswald. *Christian Discipline*, vol. 2. London: Marshall, Morgan & Scott, 1965, p. 51.
4. CHAMBERS, Oswald. *Biblical Psychology*. Edinburgh: Simpkin Marshall, 1948, p. 159.
5. *The Works of Rev. Robert Murray McCheyne*. New York: Robert Carter and Brothers, 1874, p. 85.
6. TOZER, A. W. *The Knowledge of the Holy: The Attributes of God—Their Meaning in the Christian Life*. London: James Clarke, 1965, p. 11.

2

"A oração foi tão longa que a minha comida esfriou!"

Contarei uma versão genérica de uma história que ouvi de um homem que estava presente na ocasião em que ocorreu (os detalhes foram excluídos a fim de proteger o autor e as pessoas envolvidas):

Durante a conferência anual de um conselho missionário evangélico, enquanto as mulheres participavam de um chá elegante, os homens e as crianças se reuniram para desfrutar de um churrasco à moda antiga. Como se sabe, em encontros informais e ao ar livre, o protocolo exige que alguém ore abençoando *antes* que os convidados se dirijam às mesas para se servirem. No entanto, nessa ocasião específica, o anfitrião deixou que os convidados se servissem primeiro para, depois, pedir que o palestrante convidado fizesse a oração. O bom homem fez uma oração tão longa quanto subir e descer o Himalaia e contornar a linha do Equador. Quando, finalmente, disse "amém", todos ouviram um menino dizer ao pai, em voz alta: "Papai, a oração foi tão longa que a minha comida esfriou!"

Em uma situação parecida, ouvi a história de um cadete da Força Aérea que não se envergonhava de sua fé e, durante as refeições, curvava reverentemente a cabeça, fechava os olhos e orava em silêncio por vários minutos. Um dia, enquanto fazia a oração, uma pessoa roubou o seu prato e o escondeu. Se ele recuperou o prato, eu não sei, mas espero que sim. De qualquer maneira, pelo tempo que ele passou orando, a comida provavelmente estaria fria quando terminou.

Como Paulo escreveu em Gálatas 4.24, esses exemplos são como "uma ilustração". Então, vamos tentar retirar deles algumas verdades para nos ajudar em nossa própria vida de oração.

***

Para começar, *por que oramos antes de comer?* Certa vez fiz essa pergunta a um grupo de estudantes universitários e eles deram uma boa risada. Um deles disse: "Se visse o que nos servem no refeitório, também faria uma oração!" (Acredito que não seja mais assim, pois já fiz refeições maravilhosas em refeitórios universitários.) Lembro-me também de um líder missionário que, às vezes, terminava a sua oração antes da refeição dizendo: "E, Senhor, mate as bactérias." Bem, ele conhecia a situação em que se encontrava melhor do que nós. Mas, vamos voltar à nossa pergunta: Por que oramos antes de comer?

Nós, obviamente, estamos agradecendo ao Senhor pela comida que ele nos providenciou. Somos gratos a Deus. Jesus nos ensinou a orar pelo pão de cada dia e, quando o alimento está diante de nós, devemos ser gratos pela provisão do Senhor e pela sua fidelidade em cuidar de nós. Antes de alimentar as cinco mil pessoas, Jesus olhou para o céu e orou (Mc 6.41) e também deu graças durante a última ceia (Mc 14.22; 1Co 11.24). Paulo deu graças pela comida quando estava a bordo de um navio durante uma tempestade, e isso encorajou os passageiros e a tripulação a comer e confiar em Deus (At 27.35,36).

O texto de 1Timóteo 4.1-5 nos alerta para não seguirmos falsos mestres que ignoram o que Jesus ensinou em Marcos 7, e a igreja primitiva decidiu em Atos 15, que todos os alimentos são limpos e devem ser recebidos com ação de graças. Foi isso que Paulo quis dizer quando escreveu que o alimento "é santificado pela palavra de Deus e pela oração" (1Tm 4.5b). As Escrituras afirmam que o alimento é "limpo", e a oração o consagra ao Senhor para que ele possa usá-lo para nos sustentar (isso não significa que todos os alimentos são bons para todo mundo. Se você for diabético como eu, será necessário mais do que a Palavra e uma oração para tornar um pedaço de torta de limão "limpo" para nós!).

A minha ascendência é sueca e alemã e desde cedo descobri que meus parentes escandinavos também dão graças *após* as refeições. Depois de desfrutar do café, de um bolo caseiro e de uma conversa bilíngue, o meu tio Simon Carlson curvava a cabeça agradecendo a Deus pelo alimento em sueco, e esse era o sinal de que a refeição havia chegado ao fim. Quando criança, eu considerava essa prática estranha, porém, anos mais tarde li Deuteronômio 8.10, que diz: "Depois que tiverem comido até ficarem satisfeitos, louvem o SENHOR, o seu Deus, pela boa terra que lhes deu." Agradecer a Deus no término das refeições é uma excelente disciplina para as pessoas que possuem uma tendência a comer em excesso, pois como elas poderão agradecer com sinceridade pelos quilos extras? (Estou fazendo uma referência a mim mesmo.)

A oração feita à mesa é, antes de tudo, uma expressão de gratidão ao Senhor pela sua graciosa provisão. Também é uma consagração do alimento *e de nós mesmos como filhos de Deus que são fortalecidos por esse alimento, para que possamos servir e glorificar a Deus*. Se o Senhor concede alimento para o meu corpo e deseja ser glorificado nele e por intermédio dele, então, não lhe agradecer pela comida é uma ingratidão básica, da mesma maneira que o é desfrutar do alimento e depois usar o meu corpo da maneira que eu desejar. A oração à mesa deve ser muito mais do que um ritual religioso. Quando unimos nosso coração ao da pessoa que está orando, devemos fazê-lo com gratidão e dedicação ao Senhor.

***

Então, quanto tempo a oração à mesa deve durar? Resposta: tempo suficiente para cumprir os dois objetivos que acabei de mencionar: gratidão e dedicação ao Senhor.

Mas e se o Espírito nos levar a orar por mais tempo? Resposta: "O espírito dos profetas está sujeito aos profetas." (1Co 14.32). Se isso é verdade para aqueles que pregam, não seria também verdade para aqueles que oram? Afinal, se o pregador ou a pessoa que ora está realmente cheia do Espírito, produzirá o fruto do Espírito, que inclui o *domínio próprio*. As pessoas que não possuem domínio próprio não estão cheias do Espírito; estão sendo enganadas por outros espíritos e seguindo a carne.

Mais de uma vez durante as conferências de que participei em meu ministério, experimentei a verdade de João 10.8: "Todos os que vieram antes de mim eram ladrões e assaltantes" Os pastores que pregavam antes de mim usavam mais tempo do que havia sido permitido, o que me deixava com muito pouco tempo para apresentar a mensagem que eu havia preparado. Depois da reunião, esses pastores se desculpavam por sua atitude, dizendo: "Você sabe, quando o Espírito está no controle, devemos seguir em frente." O Espírito, porém, não estava no controle. Se estivesse, aqueles homens teriam exercido o domínio próprio e observado os seus relógios. Após muitos anos ministrando em programas de rádio, aprendi a dizer o necessário logo no início, em vez de desperdiçar os caros minutos da rádio dando voltas até chegar ao centro da questão. O que se aplica à pregação também deveria se aplicar à oração.

O evangelista George Whitfield disse de certo pregador: "Ele me levou a um bom estado de espírito pela sua oração, e teria sido ótimo se tivesse encerrado ali; no entanto, ele continuou orando, e eu me perdi." Durante uma de suas campanhas evangelísticas, Dwight L. Moody pediu que um pastor fizesse a oração. O homem orou interminavelmente, e as pessoas começaram a ir embora. Então, Moody disse: "Enquanto o nosso irmão termina a sua oração, vamos cantar um hino." Moody não queria que aquele pastor bem-intencionado esfriasse o culto. E não foi o próprio Jesus quem disse algo sobre pessoas que tentam impressionar os outros com longas orações? (Mt 23.14).

***

Algumas pessoas se surpreendem com o fato de que *o Senhor às vezes ordena que alguém pare de orar*. Quando Israel chegou até o mar Vermelho depois do êxodo do Egito, Moisés estava clamando a Deus em silêncio, pedindo ajuda enquanto tentava acalmar o povo. O Senhor o sabia e lhe disse: "Por que você está clamando a mim? Diga aos israelitas que sigam avante." (Êx 14.15b) Pare de orar e comece a se mexer! (Algumas igrejas precisam ouvir isso.)

Depois de ouvir do Senhor que não tinha permissão para entrar em Canaã (Nm 20.1-13), Moisés orou para que Deus permitisse a sua entrada naquela terra (tenho a impressão de que Moisés fazia essa oração frequentemente). Um dia, o Senhor mandou Moisés tirar esse item da sua lista de oração, e ele obedeceu (Dt 3.23-39).

Depois da humilhante derrota de Israel em Ai (Js 7), Josué rasgou as suas vestes, prostrou-se ao chão e passou o dia inteiro clamando a Deus. A resposta do Senhor foi: "Levante-se! Por que você está aí prostrado?" (Js 7.10b). Havia um traidor entre eles, e Deus esperava que Josué ajudasse a desmascará-lo.

Depois de Paulo orar três vezes pedindo cura, o Senhor graciosamente fez com que ele parasse, prometendo conceder graça para transformar o seu fardo em bênção.

Em minha própria experiência de oração, muitas vezes após orar durante algum tempo pelo mesmo assunto, o Senhor me convenceu de que era hora de parar. Ou o pedido estava fora da sua vontade ou a resposta já estava a caminho. Não sabia qual dos dois era, mas eu, obedientemente, parava de orar e, algum tempo depois, descobria a resposta. Às vezes, uma luz vermelha acendia quando eu lia algum versículo na Bíblia. Outras vezes, o sinal vinha por meio de uma convicção em meu coração, colocada ali, acredito, pelo Espírito Santo.

Sim, existe a hora de orar, mas há também o momento de agir, pois o Senhor deseja que façamos parte da resposta às nossas próprias orações. Falarei mais sobre isso quando chegarmos à parte 4, onde examinaremos as nossas preces.

***

Vamos concluir a questão. Se você for convidado a dar graças ao Senhor por uma refeição, simplesmente peça a Deus que abençoe o alimento e aqueles que irão recebê-lo. Atenha-se a esse objetivo e evite desviar-se dele. Se sentir algum fardo específico em seu coração e achar que deve compartilhá-lo, faça isso depois da refeição e convide alguém para acompanhá-lo em oração. Se as outras pessoas não estiverem com pressa, vocês podem permanecer à mesa para uma rápida reunião de oração após a refeição.

Tenho certeza de que Deus pode abençoar um alimento frio, mas qual a necessidade de deixar a comida esfriar? Na verdade, o Senhor pode fazer um milagre e manter a comida aquecida enquanto alguém faz uma longa oração, mas ele nunca desperdiça os seus milagres. Esperar por algo assim é quase como tentar o Senhor.

Faça de cada refeição uma ocasião santa e feliz. Lembre-se do que Moisés e os anciãos experimentaram no monte Sinai: "Eles viram a Deus, e depois comeram e beberam." (Êx 24.11b). A experiência dos dois discípulos de Emaús foi parecida. Jesus deu graças, partiu o pão e "os olhos deles foram abertos e o reconheceram" (Lc 24.31a).

Para citar Spurgeon novamente: "Quando se trata de orar em público, como regra, quanto mais curta a oração, melhor."[1]

Perguntas para discussão

1. Como você faz a distinção entre a liderança do Espírito de Deus e a falta de domínio próprio? Você acredita que o domínio próprio parece ser contraditório à obra do Espírito Santo? De que maneira?

2. Qual é a sua resposta ao argumento de Wiersbe sobre orações públicas mais curtas e objetivas?

Notas

1. SPURGEON, Charles. Metropolitan Tabernacle Pulpit, vol. 15. London: Passmore & Alabaster, 1869, p. 106.

3

"Eu tenho um pedido inexprimível"

A pessoa que fez essa declaração provavelmente quis dizer: "Tenho um pedido *confidencial*", embora o fardo da oração possa ter sido tão grande a ponto de ser difícil de expressar. Asafe, o músico do templo, fez um registro desse tipo de experiência no Salmo 77.4b: "tão inquieto estou que não consigo falar". Em certa ocasião, Davi tentou ficar em silêncio, mas não conseguiu — o seu coração ardia no peito, "o fogo aumentava", até que ele precisou abrir a boca e dizer o que estava em seu coração (Sl 39.1-3). No entanto, se declarar "inexprimível" em vez de "confidencial" foi um deslize, suspeito ter sido uma falha freudiana que revelou o que estava realmente no coração da pessoa. O pedido era algo tão terrível que precisava ficar escondido.

Esse assunto levanta o tema dos "pedidos secretos de oração".

Eu nunca tinha ouvido alguém dizer: "Eu tenho um pedido confidencial", até começar a pregar no Sul, onde descobri que essa era uma prática comum. Lembro-me de estar em uma igreja onde o pastor anunciou: "Um ouvinte da rádio telefonou pedindo que nos lembrássemos de quarenta e sete pedidos confidenciais." Na época, fiquei intrigado, me perguntando como a igreja poderia interceder por aquele irmão, pois *eu* não sabia como orar por quarenta e sete necessidades desconhecidas. Levaria menos tempo para orar por todos esses pedidos coletivamente do que individualmente — "Senhor, ajude esse ouvinte da rádio com os seus muitos fardos e mostre-lhe o que fazer" —, mas seria essa uma oração eficaz?

É claro que sabemos por que algumas pessoas não querem revelar os seus pedidos: são muito pessoais, dolorosos e vergonhosos. (Mas quarenta e sete?) Se o pedido envolve outra pessoa, falar sobre ele publicamente pode piorar o problema. Por exemplo, uma mãe compartilha em seu grupo de oração, que seu filho está prestes a ser expulso da faculdade. Então, uma pessoa passa essa informação adiante e o assunto começa a se espalhar. (Claro que com a ressalva: "Não estou fazendo fofoca, você sabe. Só quero compartilhar esse pedido de oração.") No entanto, o filho fica sabendo disso e declara guerra contra a mãe e o seu grupo de oração. Contar a uma congregação inteira sobre um marido abusivo ou um parente rebelde pode ser tanto uma declaração de fé quanto de guerra.

Mas, se posso orar por quarenta e sete pedidos Não revelados de um amigo de uma só vez, por que não posso compartilhar quarenta e sete pedidos *declarados* por mim de uma só vez e economizar ainda mais tempo? "Senhor, aqui está a minha lista de oração. Tu a conheces. Responde a estes 47 pedidos." Pesquisei na Bíblia e não consegui encontrar exemplos de cristãos compartilhando pedidos confidenciais, assim como também não encontrei instruções sobre como lidar com eles. Ana não contou a Eli qual era o seu fardo, mas também não o chamou de "pedido secreto". A princípio, Eli não compreendeu e a repreendeu, mas, por fim, percebeu que Ana estava sendo sincera e buscando a ajuda de Deus (1Sm 1.9-18).

O fardo de Neemias por Jerusalém era tão grande que até mesmo o rei pagão Artaxerxes foi capaz de enxergá-lo em seu rosto e perguntou o que estava havendo. Então, Neemias contou ao rei qual era a sua preocupação, pediu ajuda oficial e o Senhor respondeu às suas orações (Ne 2.1-9). Alguns da casa de Cloe não escreveram a Paulo, dizendo: "Temos dez pedidos confidenciais envolvendo a igreja de Corinto." Em vez disso, eles enviaram uma carta detalhada descrevendo os problemas da igreja e pediram que o apóstolo respondesse às suas perguntas (1Co 1.11). Isso fez com que a casa de Cloe ficasse mais popular entre os crentes carnais da igreja? Provavelmente não, mas o Senhor usou aquela carta para produzir a resposta inspirada de Paulo, que ajudou a igreja de Corinto e continua ajudando cristãos do mundo inteiro até hoje.

Não resolveremos o problema do "pedido confidencial" se nos recusarmos a considerar esses fardos de oração. Isso só poderá ser feito se incentivarmos as pessoas a serem mais específicas quanto possível, sem quebrar a sua confiança. "Tenho quatro pedidos confidenciais" poderia suscitar um apoio de oração mais eficaz se, em vez disso, a pessoa dissesse: "Tenho quatro decisões críticas para tomar e preciso de sabedoria para fazer isso" ou: "Tenho quatro pessoas gerando problemas em minha vida e preciso da ajuda de Deus para enfrentar essa situação e lidar com elas." Contudo, talvez o maior desafio para os filhos de Deus seja aprenderem a ser parceiros fiéis de oração, que saibam quando ser discretos e quando elevar seu coração em oração. Sou muito grato ao

Senhor por irmãos que oraram comigo sobre questões delicadas, sem compartilhar os detalhes da situação em suas reuniões de oração.

Se você é um cristão que está enfrentando uma batalha secreta ou carregando um fardo muito pesado e não deseja compartilhar isso com outras pessoas, descanse na mensagem de Romanos 8.26,27: o seu Pai celeste entende "pedidos confidenciais" (e até mesmo "pedidos inexprimíveis") e o encoraja a aproximar-se com ousadia (com liberdade para se expressar) do trono da graça. Além disso, peça ao Senhor que coloque um parceiro de orações confidenciais em sua vida, alguém com quem você possa compartilhar os seus fardos e vice-versa. Afinal, "é melhor ter companhia do que estar sozinho" (veja Ec 4.9-12).

Perguntas para discussão

1. Por que é melhor ter um parceiro de oração confiável, em vez de orar sozinho?

2. Você já testemunhou algum pedido de oração indevido? O que fez em relação a isso?

4

"Senhor, que este acidente seja desfeito!"

Esse pedido foi enviado ao céu por um jovem que havia batido com o carro do pai. No entanto, as provas encontradas nos arquivos da polícia indicam que o seu pedido não foi atendido.

A "oração" desse rapaz me faz lembrar da famosa definição de oração feita por Ambrose Bierce: "Pedir que as leis do universo sejam anuladas em nome de uma única pessoa, confessamente indigna." Essa definição produz um sorriso e descreve apropriadamente a oração do jovem (e, talvez, algumas de nossas próprias orações), contudo, a definição de Bierce é tão tola quanto essa oração.

Sabemos que, em resposta às orações, Deus pode suspender as leis que ele mesmo estabeleceu no universo a fim de cumprir os seus grandes propósitos. O Senhor fez isso por Moisés no mar

Vermelho, por Josué no rio Jordão e por Jesus quando curou os aflitos e ressuscitou os mortos — e quando o próprio Cristo ressuscitou dentre os mortos. É claro que o maior milagre realizado por Deus em resposta a orações é o perdão pelos nossos pecados e a transformação da nossa vida durante nossa jornada com o Senhor, algo que nunca perderemos.

Deus poderia ter respondido à oração desse jovem fazendo o tempo voltar até o momento anterior à batida para que o acidente de carro pudesse ser evitado. Ou poderia declarar uma palavra e restaurar o rapaz e as condições prévias ao acidente. "Existe alguma coisa impossível para o Senhor?" (Gn 18.14a). Se, porém, o Criador impedisse ou revertesse as consequências de cada tolice que fazemos em violação à sua vontade, jamais amadureceríamos ou nos tornaríamos servos de confiança que desejam cumprir a vontade dele. Se o Senhor agisse como o rapaz desejou, não precisaríamos nos preocupar com a desobediência ou a insensatez. Sempre que fizéssemos uma tolice, ele nos daria um beijo, faria tudo ficar bem novamente e nunca aprenderíamos com os nossos erros. Felizmente, não é assim que as coisas funcionam.

"Senhor, que este acidente seja desfeito!" não é bem uma oração; é uma expressão religiosa de um desejo infantil. Assim como Adão e Eva, o jovem acreditou na mentira do diabo: "Certamente não morrerão!" (Gn 3.4b). Em outras palavras: "Não há consequências para a desobediência e para atitudes insensatas!" No entanto, a oração do rapaz, por mais tola que seja, toca em um assunto vital para uma vida de oração bem-sucedida, que é a relação entre a oração e a soberania de Deus.

∗∗∗

Após a restauração de sua sanidade — e, provavelmente, sua conversão à fé no Deus de Israel —, o rei Nabucodonosor fez uma poderosa declaração de fé na soberania divina.

> O seu domínio é um domínio eterno; o seu reino dura de geração em geração. Todos os povos da terra são como nada diante dele. Ele age como lhe agrada com os exércitos dos céus e com os habitantes da terra. Ninguém é capaz de resistir à sua mão ou dizer-lhe: "O que fizeste?" (Dn 4.34b,35)

Este é o Deus a quem adoramos e servimos, o Altíssimo, a quem oramos! Quando ignoramos a soberania do Senhor, não apenas silenciamos a adoração e a oração, como também abandonamos tolamente a própria fonte de vida, sabedoria e força. Depois que Pedro e João foram libertados pelas autoridades e advertidos em não continuar pregando em nome de Jesus, eles não organizaram um protesto nem buscaram proteção política. *Eles foram até uma reunião de oração em uma igreja e oraram ao Deus todo-poderoso!* Foi assim que eles oraram:

> Ó Soberano, tu fizeste os céus, a terra, o mar e tudo o que neles há! Tu falaste pelo Espírito Santo por boca do teu servo, nosso pai Davi: 'Por que se enfurecem as nações, e os povos conspiram em vão? Os reis da terra se levantam, e os governantes se reúnem contra o Senhor e contra o seu Ungido'. De

fato, Herodes e Pôncio Pilatos reuniram-se com os gentios e com o povo de Israel nesta cidade, para conspirar contra o teu santo servo Jesus, a quem ungiste. Fizeram o que o teu poder e a tua vontade haviam decidido de antemão que acontecesse. Agora, Senhor, considera as ameaças deles e capacita os teus servos para anunciarem a tua palavra corajosamente. Estende a tua mão para curar e realizar sinais e maravilhas por meio do nome do teu santo servo Jesus." Depois de orarem, tremeu o lugar em que estavam reunidos; todos ficaram cheios do Espírito Santo e anunciavam corajosamente a palavra de Deus. (At 4.24b-31).

O registro desse acontecimento deixa claro que não há conflito entre a soberania de Deus e as orações de fé do seu povo. O mesmo Senhor que ordena o fim prescreve os meios para o desfecho por intermédio da oração em nome de Jesus. O Deus a quem eles oraram é "soberano" — governante absoluto, literalmente "Senhor" — e a sua soberania é vista no fato de que ele criou os céus e a terra. Cristo o chamou de "Senhor do céu e da terra" (Lc 10.21b), e Paulo disse que Jesus está "muito acima de todo governo e autoridade, poder e domínio, e de todo nome que se possa mencionar" (Ef 1.21a). Parece incrível, mas quando oramos ao Senhor segundo a sua vontade, temos o privilégio de dispor do poder supremo que criou e sustenta todo o universo.

A oração de Pedro e João foi baseada na Palavra de Deus, especificamente no Salmo 2, pois as Escrituras e a oração devem estar sempre juntas. Jesus disse: "Se vocês permanecerem em mim, e as minhas palavras permanecerem em vocês, pedirão o que quiserem, e lhes será concedido." (Jo 15.7). Quando estamos cheios do Espírito de Deus (Ef 5.18) e da "palavra de Cristo" (Cl 3.16), os desejos de Deus serão os nossos desejos e oraremos de acordo com a sua vontade. O arcebispo Richard Trench declarou: "Orar não é vencer a relutância de Deus; é se apoderar da sua mais solícita boa vontade." Robert Law, em seu comentário sobre 1João, *The Tests of Life* [Os testes da vida], escreveu: "A oração é um instrumento poderoso, não para que a vontade do homem seja atendida no céu, mas para que a vontade de Deus seja atendida na terra."[1]

O desafio presente nessa oração da igreja primitiva é que ela não era dirigida contra os seus oponentes. Os cristãos não pediram que Deus desse fim à perseguição (que, na verdade, se agravou), ou que ele destruísse os inimigos do evangelho. Eles pediram que o Senhor concedesse poder à igreja para testemunhar corajosamente, a fim de glorificar o nome de Jesus (At 4.29,30). O foco não estava no conforto, ou mesmo na segurança daqueles cristãos, mas na glória do Deus soberano. "Não orem por uma vida fácil", disse Phillips Brooks; "orem para se tornarem homens e mulheres melhores. Não orem por tarefas proporcionais à sua força; orem por uma força proporcional às suas tarefas."

Um cristão, irritado com o que considerou interferência do governo em sua vida, orou publicamente para que Deus "matasse ou convertesse todos os políticos eleitos". O pedido pela salvação daqueles homens era bíblico, a súplica pela sua morte, não. Se alguém tinha o direito de orar pelo julgamento de Deus sobre os seus perseguidores e assassinos, esses eram Jesus e Estêvão, mas, ambos oraram para que seus agressores fossem perdoados (Lc 23.34; At 7.60).

A igreja primitiva orou: "capacita os teus servos" (At 4.29) e Deus respondeu àquela oração. Ele sacudiu o lugar onde estavam reunidos e encheu os cristãos com o Espírito Santo e, apesar da ordem oficial para que ficassem em silêncio, eles proclamaram corajosamente a Palavra do Senhor. "O lugar foi abalado", disse Crisóstomo, "e isso tornou todos eles ainda mais inabaláveis."[2]

***

À medida que reflito sobre a relação entre a oração e a soberania de Deus, me vem à memória a oração feita por Abraão em Gênesis 18.22-33. O Senhor revelou a Abraão que planejava destruir Sodoma, o que deixou Abraão preocupado, pois o seu sobrinho Ló vivia naquela cidade com a família. Além disso, Abraão não queria que os habitantes de Sodoma — pessoas que ele havia salvado (Gn 14) — perecessem, embora fossem ímpios. Abraão carregava um fardo em seu coração por aquelas pessoas perdidas e, portanto, intercedeu por elas.

O Senhor revelou seu plano a Abraão porque o escolhera como seu servo, portanto, temos aqui a sua graça soberana. Mas, ao fazer isso, Deus estava dando a Abraão a oportunidade de dar uma resposta. Como estava profundamente magoado pela falta de discernimento espiritual de seu sobrinho, Abraão poderia ter dito: "Ló se colocou nesta situação, então, deixe que ele sofra as consequências. Quanto ao povo de Sodoma, eles são tão perversos que devem, de fato, ser julgados!"

Abraão, no entanto, não respondeu com ira justificada; em vez disso, ele "aproximou-se" do Senhor em oração (Gn 18.23). A palavra hebraica no original não significa apenas "aproximar-se", mas também "apresentar uma causa no tribunal" (veja Is 41.1,21). Abraão pediu que Deus poupasse a ímpia cidade de Sodoma pelo bem dos justos que viviam naquele lugar, como Ló e sua família (2Pe 2.6-8). Parece que Ló e sua esposa tinham, pelo menos, duas filhas casadas e duas filhas solteiras. Se o sobrinho de Abraão tivesse conquistado para o Senhor a sua esposa, as duas filhas solteiras, as duas filhas casadas com seus respectivos maridos *e outras duas pessoas*, toda a cidade teria sido poupada. Contudo, pela situação em que se encontravam, todos os habitantes de Sodoma entraram na eternidade sem Deus.

O apelo de Abraão estava fundamentado na justiça do Senhor. Ele não estava discutindo, negociando ou tentando fazer com que Deus mudasse a sua vontade soberana. Se o Senhor dissesse "não", Abraão pararia de interceder. No entanto, apesar de Ló viver em Sodoma, teria sido injusto se Deus o tratasse como os seus vizinhos ímpios. Não há nenhum indício de que Ló vivia da *mesma maneira* que aquelas pessoas perversas de Sodoma; ele simplesmente vivia *no meio* delas. Portanto, Abraão se humilhou diante do Senhor e tentou convencê-lo a poupar aquela cidade. O fiel ministro Samuel Rutherford escreveu: "É um trabalho de fé abordar e reivindicar manifestação da bondade de Deus em meio aos seus momentos de maior severidade." E foi isso que Abraão fez.

Os dois anjos não encontraram sequer dez justos na cidade, porém ofereceram a Ló e sua família uma misericordiosa oportunidade de escapar. As filhas casadas permaneceram em Sodoma com seus maridos, mas Ló foi embora com sua esposa e suas duas filhas solteiras. Sua esposa desobedeceu ao Senhor, olhou para trás quando estavam saindo da cidade e foi instantaneamente julgada por isso. No fim, o Senhor salvou Ló e suas duas filhas por causa de Abraão. Devemos nos lembrar, hoje, de que Deus salva os pecadores, não porque eles merecem, mas por causa do seu Filho.

***

Se o seu ponto de vista acerca da soberania de Deus o impede de testemunhar ou orar, ele está equivocado. Em sua graça soberana, o Senhor chama o seu povo, em seu nome, para testemunhar e pregar com confiança, sabendo que a sua Palavra não será desperdiçada. O Senhor possui o controle completo do universo, por isso, podemos orar a ele sem medo. Nem sempre sabemos pelo que devemos orar, ou como devemos pregar a sua Palavra, mas se depositarmos a nossa fé no Deus todo-poderoso, "que fez os céus e a terra" (Sl 124.8), e se o nosso desejo é dizer: "Santificado seja o teu nome" (Mt 6.9b), então, o Senhor soberano nos ouvirá e agirá segundo a sua vontade.

Jamais devemos nos gabar de respostas às nossas orações, pois todos esses dons vêm de Deus. Tampouco devemos nos desesperar quando nossas preces não forem respondidas, ou quando as respostas recebidas forem diferentes daquelas que esperávamos, porque o nosso Pai sabe o que é melhor para nós.

"Em todas as nossas orações, no entanto", escreveu A. W. Tozer, "é importante nos lembrarmos de que Deus jamais alterará os seus propósitos eternos por causa da oração dos homens. Não oramos para convencer o Senhor a mudar de ideia. [...] Aquele que ora simplesmente alinha o seu anseio com a vontade de Deus para que o Senhor possa fazer aquilo que sempre foi a sua intenção."[3] Afinal, não oramos "seja feita a tua vontade, assim na terra como no céu" (Mt 6.10b)? Uma das disciplinas de Deus mais dolorosas é não dar a seus filhos o que desejam quando ele tem algo melhor guardado para eles. Muitos de nós já vivemos o suficiente para sermos gratos por orações *não respondidas*.

Portanto, se você bater o carro e se encontrar em uma situação muito difícil, não pergunte ao Senhor: "*Como* posso sair dessa situação?" Em vez disso, pergunte: "*Que* lição posso tirar dessa situação? *Qual* é a sua vontade?" O Senhor retrocedeu a sombra do sol para Ezequias (Is 38.7,8) e atrasou o pôr do sol para Josué (Js 10.12-15). Ele ainda pode realizar milagres como esses nos dias de hoje. Nós, porém, devemos orar como Jesus orou: "Meu Pai, se for possível, afasta de mim este cálice; contudo, não seja como eu quero, mas sim como tu queres." (Mt 26.39b). Deus ainda dá o seu melhor àqueles que entregam tudo em suas mãos.

Perguntas para discussão

1. Por que, ao ignorarmos a soberania de Deus, "silenciamos adoração e a oração"? Você já experimentou esse tipo de silêncio de suas próprias orações?

2. Muitas vezes, quando oramos reivindicando a promessa de que Deus concederá os desejos do nosso coração, nós o fazemos com o foco em nossa própria vontade egoísta. De que maneira as suas orações seriam diferentes se você, em vez de fazer isso, pedisse ao Senhor que definisse (criasse) os desejos do seu coração?

Notas

1. LAW, Robert. *The Tests of Life*. Edinburgh: T & T Clark, 1909, p. 304.
2. CHRYSOSTOM, John. *The Nicene and Post-Nicene Fathers*, vol. 11. Edinburgh: T & T Clark, 1851, p. 73.
3. TOZER, A. W. *The Price of Neglect and Other Essays*. O preço da negligência e outros ensaios). Camp Hill, PA: Christian Publications, 1991, p. 51-52.

5

"Vamos ter uma palavra de oração"

Verdade seja dita, seria melhor simplesmente dizer: "Vamos orar." Ou, talvez: "Vamos fazer uma oração." Afinal, o que significa "uma palavra de oração"? De acordo com o dicionário, ter "uma palavra" com alguém significa falar rapidamente. Eu, porém, já ouvi pessoas dizerem: "Vamos orar rápido, apenas uma palavra de oração", e em seguida orar por dez minutos.

Infelizmente esses clichês evangélicos ficam presos em nossa mente e nós os usamos de forma rotineira, sem perceber o que estamos dizendo! Fazem parte da programação das tradicionais reuniões de oração. No entanto, quando os encontros de oração se tornam tradicionais, é hora de começar a orar por avivamento. Toda vez que dizemos: "Vamos ter uma palavra de oração", podemos estar apresentando indícios de que não estamos refletindo sobre a seriedade da oração. Na verdade, às vezes, as nossas palavras são ditas no automático:

— VamosTerUmaPalavraDeOraçãoPaiCelestial... e assim damos seguimento à oração.

Porém, sabemos que essa pressa no momento de orar e buscar a presença de Deus não agrada ao Senhor. É claro que, em situação de emergência — como quando Pedro estava se afogando no mar da Galileia —, não temos tempo para elaborar as palavras, e só podemos clamar: "Senhor, salva-me!" Contudo, a menos que você seja um piloto de Fórmula 1 ou um treinador de animais selvagens, essas situações perigosas provavelmente não são tão frequentes em sua vida.

Quando eu fazia parte da Mocidade para Cristo (MPC) internacional, rapidamente descobri a importância da oração, pois a MPC operava de milagre a milagre. Fazíamos reuniões de oração regulares, assim como algumas espontâneas, de acordo com nossas necessidades e, nesses encontros, Bob Cook e Ted Engstrom costumavam nos aconselhar a nos livrarmos "de nossas orações costumeiras" a fim de que pudéssemos começar a orar de verdade.

Descobri que essas "preces costumeiras" eram um problema em minha própria vida de oração. Como é fácil colocarmos o "CD da oração", apertar "play" e recitar para o Senhor os mesmos pedidos, na mesma ordem, dia após dia! Jesus abordou essa questão quando disse: "E, quando orarem, não fiquem sempre repetindo a mesma coisa, como fazem os pagãos." (Mt 6.7a). Eu diria que isso é "falar sem pensar". E pode ser um problema, especialmente para pessoas que possuem uma lista de itens sobre os quais oram todos os dias.

Uma vida de oração fervorosa e vibrante é resultado de adorar ao Senhor, alimentar-se alegremente da sua Palavra e render-se ao Espírito, concentrando-se naquilo que se pensa e fala, sem permitir que o "cansaço da carne" tome conta. Quando você estiver em uma reunião de oração, preste bastante atenção às orações das outras pessoas. Se você for o líder, certifique-se de que a atmosfera permaneça dinâmica (lembra-se de Êutico? Veja At 20.7-12) e incentive os participantes a, ocasionalmente, ficar de pé, cantar e juntar-se em pequenos grupos. A rotina pode ser fatal e a mesmice pode levar à mornidão. Uma coisa útil é escrever os pedidos de oração em um quadro negro (ou lousa) onde todos possam lê-los ou imprimir listas de oração que as pessoas usem durante a reunião e depois levem para casa.

Uma advertência: à medida que tentamos eliminar os clichês de nossa oração, devemos tomar cuidado para não parecermos "eloquentes". A oração não deve ser um veículo para exibirmos nosso vocabulário, inteligência ou os versículos bíblicos que memorizamos. "Não seja precipitado de lábios", advertiu Salomão, "nem apressado de coração para fazer promessas diante de Deus" (Ec 5.2a). Se formos fiéis em nossas orações particulares e honestos com o Senhor, não teremos nenhum problema em demonstrar essa mesma sinceridade em uma reunião pública de oração. Paulo nos exortou a orarmos "continuamente" (1Ts 5.17). Não disse que tenhamos simplesmente "uma palavra de oração".

Perguntas para discussão

1. Quais são alguns exemplos de "clichês de oração" que já perderam o significado para muitos cristãos?

6

"Obrigado, Pai, por morrer por nós naquela cruz"

Ouvi um membro da equipe de uma igreja usar essas palavras na oração de abertura de um culto da manhã. Obviamente, ele não estava preparado para orar e, provavelmente, foi chamado para fazer isso no último minuto. Já estive presente em cultos em que as orações estavam escritas em monitores de televisão na frente do púlpito, e tudo o que o pastor precisava fazer era ler aquelas palavras com tom sincero. Embora isso possa parecer para algumas pessoas falta de autenticidade e espontaneidade, é melhor do que fazer orações precipitadas que misturam as pessoas da Trindade e promovem outras aberrações doutrinárias.

Certa vez, Charles Spurgeon disse a seus alunos de ministério que eles deveriam seguir seu exemplo e preparar as orações que viessem a fazer no púlpito, querendo dizer com isso que eles deveriam refletir sobre as suas orações e não necessariamente escrevê-las. Se preparamos as nossas mensagens e fazemos anotações para nos guiarmos, por que não podemos preparar as nossas orações também? Dessa forma, pelo menos, podemos nos concentrar no Senhor e nos lembrar de que, quando oramos, dizemos: "Pai nosso..."

Perguntas para discussão

1. Quão resistente você costuma ser em relação ao preparo de uma oração com antecedência? Acredita que existem ocasiões em que seria melhor fazer isso?

7

"Nós simplesmente teremos de orar por boa sorte"

Não me lembro do contexto em que ouvi essa declaração. No entanto, eu me recordo de como fiquei chocado ao ouvir uma pessoa falar sobre oração e sorte na mesma frase. É óbvio que se vivemos pela oração, então, cremos em Deus e confiamos em sua sábia providência. Por outro lado, se vivemos pela sorte, logo, acreditamos em um mundo regido pelo acaso, onde não há nenhum tipo de controle. É deprimente ver as pessoas lendo horóscopos, consultando cartas de tarô, pagando gurus para receber "espíritos" e até mesmo telefonando para videntes de programas de televisão em busca de ajuda, totalmente ignorantes do fato de que nenhuma dessas coisas lhes permitirá compreender ou controlar o futuro.

Observo que as pessoas que misturam a fé em Deus com a crença no acaso normalmente culpam o azar quando as coisas dão errado, mas raramente agradecem a Deus quando as coisas dão certo. Quando alguém de quem elas não gostam tem algum sucesso, a razão disso é a sorte, e não o fato de que a pessoa se dedicou muito. Por sua vez, se elas próprias têm sucesso, alegam que foi graças ao seu empenho e trabalho, e não à bênção de Deus. Nenhuma dessas pessoas compartilha do testemunho do servo devoto de Abraão: "Quanto a mim, o Senhor me conduziu na jornada" (Gn 24.27b).

A esposa indesejada de Jacó, Lia, tinha um traço desse tipo de superstição em seu interior. Ela entregou sua serva Zilpa a Jacó e batizou o filho deles de "Gade" (Gn 30.9-11). Gade significa "sorte" e era o nome de um deus pagão. Observe a resposta de Deus a esse acontecimento:

> Mas vocês, que abandonam o Senhor e esquecem o meu santo monte, que põem a mesa para a deusa Sorte [Gade] e enchem taças de vinho para o deus Destino, eu os destinarei à espada, e todos vocês se dobrarão para a degola. (Is 65.11-12a).

Os judeus devotos não depositavam sua confiança em coisas como sorte e acaso, pois acreditavam que o Deus todo-poderoso estava no controle do universo e isso incluía a sua vida pessoal e o futuro de sua nação (Gn 28.15; Sl 34.20). Do ponto de vista humano, parecia, às vezes, que o "tempo e a sorte" eram determinantes (ver Ec 9.11). No entanto, os judeus sabiam que Jeová estava no trono.

"A sorte é lançada no colo, mas a decisão vem do Senhor." (Pv 16.33). Parecia sorte quando Rute foi colher espigas nos campos de Boaz, porém essa decisão foi um ato da providência do Senhor. Até mesmo a amarga Noemi reconheceu a mão de Deus naquele acontecimento. As jumentas extraviadas em 1Samuel 9 também não foram um incidente do acaso, mas um ato da providência divina; as frequentes vezes em que Davi escapou, por pouco, do rei Saul se tratavam muito mais do cuidado de Deus do que das estratégias de Davi. "O meu socorro vem do SENHOR, que fez os céus e a terra." (Sl 121.2). Os cristãos do Novo Testamento tinham o mesmo tipo de fé (At 4.27-30; Rm 8.28), e nós devemos seguir o seu exemplo.

Perguntas para discussão

1. De que maneira você acredita que já possa ter incluído algum tipo de superstição em suas orações (em sua vida pessoal ou coletivamente)?

8

"Sussurre uma oração por mim"

O famoso apresentador de televisão Bill Moyers trabalhou na Casa Branca quando Lyndon B. Johnson era presidente. Pastor ordenado, Moyers era frequentemente solicitado pelo presidente para fazer a oração na hora das refeições dos funcionários. Certa vez, enquanto orava durante o almoço, o presidente disse: "Fale mais alto, não estou ouvindo!" Então, Moyers respondeu: "Não estou falando com o senhor."

É claro que o presidente Johnson não pensava que era Deus. Ele simplesmente estava sentado à mesa e *desejava* ouvir o que estava sendo dito e participar daquele momento de ação de graças. Simpatizo com o presidente nessa situação, pois já estive presente em muitas refeições onde me senti perplexo ao presenciar pessoas orando silenciosamente, como que para si mesmas, tornando a nossa participação impossível naquele ato, nem que fosse com um simples "amém" ao final da oração.

Lembro-me de outra história parecida. Um dos maiores guerreiros de oração que conheci foi Peter Deynfia, fundador da Slavic Gospel Association. Na época em que eu era pastor em Chicago, Peter e eu nos encontrávamos frequentemente para orar, e essa experiência foi muito enriquecedora. Durante uma reunião de oração da Mocidade para Cristo, que durou uma noite inteira no Hotel Westminster, em Winona Lake, Indiana, Peter estava orando fervorosamente e falava cada vez mais alto a cada pedido. Um dos hóspedes do hotel, que estava tentando dormir, ficou incomodado com a voz de Peter e mandou um bilhete pedindo que falássemos mais baixo. Um dos homens presentes disse: "Peter, Deus não é surdo." Peter respondeu: "Ele também não é irritado", e continuou orando.

Talvez devêssemos orar entre esses dois extremos. Sim, a oração é uma conversa íntima com Deus, porém, quando temos outras pessoas orando conosco, não devemos agir como se o Senhor estivesse prestando atenção apenas a nós. Temos todo o direito de orar silenciosamente em nosso coração, assim como Ana fez (1Sm 1.9-18). No entanto, quando estamos orando publicamente com um grupo de pessoas, devemos fazê-lo em voz alta para que elas possam ouvir e acompanhar a oração. O que o apóstolo Paulo escreveu a respeito das línguas pode ser aplicado à oração pública: se as pessoas não conseguirem nos entender, elas não poderão receber a bênção (1Co 14.1-5). Isso não significa usar a oração para falar com os outros de maneira indireta, embora eu já tenha ouvido esse tipo de oração: "Senhor, ajude nosso pastor a estar bem preparado no próximo domingo". Significa apenas que, ao orar com outras pessoas, nós fortalecemos a comunhão, pois ouvimos uns aos outros e compartilhamos nossos fardos.

Quando eu era jovem, cantávamos de vez em quando o refrão de uma música na escola dominical. Eu não a escuto há décadas:

> Sussurre uma oração pela manhã,
> Sussurre uma oração ao meio-dia,
> Sussurre uma oração ao cair da noite,
> Para que seu coração não perca a sintonia.

Orar pela manhã, ao meio-dia e à noite é bíblico, e eu recomendo. Daniel fazia isso (Dn 6.10), assim como Davi (Sl 55.17). Mas, por que devemos sussurrar? Quando estamos sozinhos, podemos falar com Deus em voz alta, mas quando estamos em meio a estranhos, no ônibus ou na sala de espera de um consultório médico, podemos orar em silêncio, que o Senhor nos ouvirá. Ao contrário dos fariseus, não queremos orar nas esquinas a fim de sermos vistos pelos outros (Mt 6.5), mas também não queremos imitar os médiuns que murmuram "encantamentos" (Is 8.19). As pessoas mencionadas em Isaías 26.16 estavam muito fracas para clamar, por isso, sussurraram.

Quando Dwight L. Moody estava pregando na Grã-Bretanha em 1873, a revista popular *The Christian* publicou as sugestões do evangelista para liderar com sucesso uma reunião de oração. Moody enviou cópias da revista a todos os pastores protestantes das Ilhas Britânicas, e eles ficaram muito gratos. Aqui está um resumo do que ele escreveu:

> Faça com que as pessoas sentem-se próximas umas das outras; mantenha o local da reunião ventilado; cante músicas animadas; faça orações específicas e seja breve em suas observações; anuncie os assuntos

com antecedência; não repreenda aqueles que não estão sempre presentes; deixe o seu desânimo entre você e Deus; intercale hinos com as orações, de forma que não sejam feitas mais de duas orações consecutivas; mantenha as observações informais e específicas, e as reuniões curtas; faça com que todos participem, mesmo que você precise combinar isso com eles em particular antecipadamente; evite polêmicas; seja pontual; e, o mais importante, permaneça no Espírito.[1]

Eu, pessoalmente, acrescentaria uma sugestão: incentive as pessoas a falar em voz alta, a fim de que todos possam participar.

Perguntas para discussão

1. Qual é a sua opinião a respeito de pessoas que lideram uma reunião de oração em um local público, como um restaurante, e fazem orações tão altas que todos os clientes do lugar podem ouvi-las?

2. Como as orações são usadas (ou mal utilizadas) algumas vezes para fazer mais do que simplesmente se comunicar com Deus?

Notas

1. MOODY, D. L. Citado em Richard K. Curtis, *They Called Him Mr. Moody*. Grand Rapids, MI: Eerdmans, 1967, p. 181.

9

"Não batalhe em oração — apenas creia"

O meu querido amigo, Dr. Howard Sugden, e eu éramos dois dos três palestrantes em uma conferência bíblica de verão, na qual o terceiro palestrante estava um tanto descontente conosco. Talvez ele estivesse se sentindo ameaçado pela estatura e popularidade de Sugden como pregador ou talvez fosse apenas um dia ruim daquele palestrante. Todos passamos por isso. De qualquer forma, ele resolveu, certa vez, desafiar uma declaração que fizemos em uma mensagem sobre "batalhar em oração".

"A oração não é uma batalha com Deus", ele afirmou com grande intensidade. "A oração é uma linda conversa com Deus. Nós cremos, pedimos, e ele dá."

O Dr. Sugden e eu não dissemos nada, mas tenho certeza de que ele se lembrou de Colossenses 4.12, assim como eu.

> Epafras, que é um de vocês e servo de Cristo Jesus, envia saudações. Ele está sempre batalhando por vocês em oração, para que, como pessoas maduras e plenamente convictas, continuem firmes em toda a vontade de Deus.

A palavra do texto original traduzida como "batalhando" é *agonizomai*, que da origem à palavra "agonizar". Em vez de ter uma conversa tranquila e bonita com Deus, Epafras orou como um lutador, ou como um atleta dos Jogos Olímpicos, que batalha para ganhar a medalha de ouro. O apóstolo Paulo também orou assim. Ele pediu que seus amigos em Roma se juntassem a ele em sua "luta", orando a Deus em seu favor (Rm 15.30). Há momentos em que precisamos da resistência e determinação de um atleta para que a nossa oração seja segundo a vontade de Deus.

Isso não quer dizer que as nossas dores e nossos esforços pessoais dobrarão a vontade do Senhor, mas tampouco sugere que a frieza e a passividade na intercessão pelas pessoas sejam uma marca de espiritualidade profunda. Jonathan Edwards escreveu sobre David Brainerd:

> A sua história nos mostra o caminho certo para o êxito no ministério. Ele o buscou como um soldado perseverante busca a vitória em uma batalha; ou, como um homem que corre em busca de um grande prêmio. Vibrante pelo amor a Cristo e às almas, ele "trabalhou sempre fervorosamente", não apenas com palavras e doutrina,

> em público e em particular, mas por intermédio de orações dia e noite, "batalhando com o Senhor" em secreto e com "dores de parto", com dores e gemidos inexprimíveis[...] Como um verdadeiro filho de Jacó, ele perseverou em sua luta, em meio a toda a escuridão da noite até o romper do dia.[1]

Charles Spurgeon citou essas palavras aos aspirantes ao pastorado da Spurgeon´s College, em sua palestra The Preacher´s Private Prayer [A oração secreta do pregador], mas elas se aplicam a todos os cristãos, e não apenas àqueles que fazem parte do ministério. Embora exegetas cuidadosos tenham observado, corretamente, que a batalha de Jacó com o Senhor, registrada em Gênesis 32.22-31, não foi exatamente uma oração, mas sim uma luta de vontades, seria maravilhoso se, em nossa própria vida de oração, imitássemos a determinação de Jacó, dizendo: "Não te deixarei ir, a não ser que me abençoes" (Gn 32.26b).

Se você precisa de mais provas de que a oração pode envolver batalhas, ofereço o exemplo do nosso Senhor Jesus Cristo: "Durante os seus dias de vida na terra, Jesus ofereceu orações e súplicas, em alta voz e com lágrimas, àquele que o podia salvar da morte, sendo ouvido por causa da sua reverente submissão." (Hb 5.7).

Como qualquer metáfora, "batalhar com Deus" deve ser vista com os olhos do coração. O consagrado defensor da oração E. M. Bounds expressou da seguinte maneira:

> A oração em sua forma mais elevada e eficaz é realizada com uma atitude de batalha

com Deus. É o combate e a vitória da fé, uma vitória não de um inimigo, mas de alguém que testa a nossa fé a fim de ampliar e aumentar o seu anseio... A Bíblia é inesgotável em ilustrar o fato de que o bem espiritual mais elevado é assegurado a partir da forma mais elevada de esforço espiritual. É graça, mas graça em sua forma gratificante e recompensadora. Não há espaço nos planos da graça para desejos apáticos, esforços indiferentes e atitudes preguiçosas. Tudo deve ser ardente, vigoroso e vigilante.[2]

Naturalmente, a energia para "batalhar em oração" deve vir do Espírito Santo. A. W. Tozer escreveu: "Se a origem da oração é o Espírito Santo, então a batalha pode ser bela e maravilhosa, mas se somos vítimas de nossos próprios desejos inflados, então nossa oração pode ser tão carnal quanto qualquer outra ação."[3] É perigoso levar fogo profano ao altar do Senhor. Foi isso que matou Nadabe e Abiú (Lv 10).

A décima estrofe do poema de Charles Wesley, *A batalha de Jacó*, declara muito bem:

> Minha oração tem poder com Deus; a graça
> Indizível eu agora recebo,
> Pela fé eu vejo a tua face,
> Vejo a tua face e vivo;
> Não chorei nem lutei em vão,
> Tua natureza e teu nome é Amor.

As muitas imagens da oração presentes na Bíblia nos lembram que as nossas experiências no trono da graça variam de tempos em tempos, e isso é uma coisa boa. No santuário judaico, a oração era simbolizada pela queima de incenso no altar de ouro diante do véu (Lc 1.8,9; Ap 5.8). Quando Davi estava no deserto, ele não podia visitar o santuário, então, pediu a Deus que aceitasse o levantar de suas mãos ao céu como incenso diante do Senhor (Sl 141.1,2; 1Tm 2.8). Daniel abriu as janelas que davam para Jerusalém quando orou (Dn 6.10; 1Rs 8.46-51) e Jesus instruiu seus discípulos a fechar a porta ao orar (Mt 6.5,6). Abraão conversou com o Senhor ao compartilhar o seu fardo (Gn 18.16-33), mas o rei Ezequias virou o rosto para a parede e pediu, fervorosamente, que Deus o deixasse viver (Is 38.1-3). Um anjo precisou fortalecer Jesus no jardim, pois ele estava angustiado, "e o seu suor era como gotas de sangue que caíam no chão." (Lc 22.44b).

Qualquer que seja a nossa postura ou prática durante a oração, desde que não seja contrária ao que está nas Escrituras, devemos nos certificar de que temos paixão ao orar. "A oração de um justo é poderosa e eficaz." (Tg 5.16b). E. M. Bounds afirmou: "A oração, para ser eficiente, precisa ter vida. Ela deve ser viva. Deve ser energizada por todas as forças que podem ser acesas na alma por uma grande fé, uma grande necessidade e um grande desejo."[4]

Se o Espírito Santo nos ajuda em nossas orações com "gemidos inexprimíveis" (Rm 8.26b), por que nós mesmos não proferimos alguns gemidos?

Perguntas para discussão

1. Há momentos em que precisamos ter a resistência e a determinação de um atleta para que a nossa oração seja segundo o desígnio divino. Por que seria necessário tanto esforço de nossa parte para orarmos de acordo com a vontade de Deus?

Notas

1. EDWARDS, Jonathan; STYLES, John. *The Life of David Brainerd, Missionary to the Indians,* 2nd American ed. Boston: Samuel T. Armstrong, and Crocker & Brewster, 1821, p. 270-71.
2. BOUNDS, E. M. *Prayer and Revival, ed. Darrel D. King*. Grand Rapids, MI: Baker, 1993, p. 47-48.
3. TOZER, A. W. *This World: Playground or Battleground?* Camp Hill, PA: Christian Publications, 1989, p. 16.
4. BOUNDS. *Prayer and Revival,* p. 49.

10

"Orar pelos meus inimigos? Você certamente está brincando!"

Orar por nossos inimigos não é fácil —, mas é exatamente o que Jesus instruiu seus discípulos a fazer, e isso se aplica a todos nós hoje. "Vocês ouviram o que foi dito: 'Ame o seu próximo e odeie o seu inimigo'. Mas eu lhes digo: Amem os seus inimigos e orem por aqueles que os perseguem, para que vocês venham a ser filhos de seu Pai que está nos céus. Porque ele faz raiar o seu sol sobre maus e bons e derrama chuva sobre justos e injustos." (Mt 5.43-45). Em outra passagem, Lucas registrou quatro responsabilidades específicas: "Amem os seus inimigos, façam o bem aos que os odeiam, abençoem os que os amaldiçoam, orem por aqueles que os maltratam" (Lc 6.27b-28). É uma lista e tanto!

Cristãos não devem *fazer* inimigos deliberadamente. No entanto, se somos seguidores de Jesus Cristo, certamente *teremos* inimigos que, muitas vezes, serão pessoas religiosas, o tipo de gente que crucificou Jesus. Alguns nos odiarão, outros nos odiarão e nos amaldiçoarão. E haverá aqueles que nos odiarão, nos amaldiçoarão *e* nos maltratarão deliberadamente. Foi dessa maneira que o mundo (a sociedade afastada de Deus) tratou Cristo, e é assim que devemos esperar que ele nos trate à medida que nos tornamos cada vez mais parecidos com o Senhor. Se você deseja se sentir confortável neste mundo, não poderá ser amoldado a Jesus (Rm 12.1-2).

Embora faça ocasionais e discretas homenagens ao "mestre Jesus", ou ao "humilde carpinteiro Jesus", o mundo odeia Cristo e as pessoas que tentam viver como ele (veja Jo 15.18-25). Podemos falar sobre "Deus" de maneira genérica durante uma cerimônia pública, mas não podemos nos atrever a mencionar o nome de Jesus de forma que sugera que ele é o Senhor — a menos que desejemos ser atacados pelos politicamente corretos. "Tratarão assim vocês por causa do meu nome", disse o Senhor Jesus (Jo 15.21a). Porém, esse tipo de tratamento pode ser um caminho para sermos abençoados. "Bem-aventurados serão vocês quando, por minha causa, os insultarem, os perseguirem e levantarem todo tipo de calúnia contra vocês. Alegrem-se e regozijem-se, porque grande é a sua recompensa nos céus" (Mt 5.11-12a). Tudo depende da nossa fé e do nosso amor.

Se buscarmos uma solução para esse problema com a abordagem "vencedor/perdedor" — nós vencemos, eles perdem —, a situação só irá piorar, manchando o nome de Deus e o nosso testemunho. No entanto, se pela fé buscarmos uma solução onde todos saiam vencedores, de modo que cresçamos espiritualmente e os nossos inimigos se aproximem do arrependimento, o Senhor será glorificado. Mas ainda que os nossos inimigos resistam ao nosso amor e se oponham ao nosso Deus, *temos uma recompensa garantida no céu que honrará a Jesus Cristo*. Afinal, daqui a cem anos não fará diferença o que as pessoas pensam ou dizem sobre nós, mas o que o Senhor opera por meio de nossa vida, sim, fará uma grande diferença.

Então, ao orarmos por nossos inimigos, o que devemos pedir a Deus? Devemos incluir seus nomes nos salmos de Davi e implorar ao Senhor que os destrua? Como podemos amar nossos inimigos, fazer-lhes o bem e orar verdadeiramente por sua vida?

Para nós, cristãos, "amar" os inimigos significa simplesmente lidar com eles como o Senhor nos trata. Deus nos ouve, portanto, devemos ouvi-los. O Senhor é bom conosco, por isso, devemos ser bons para eles. Deus não nos dá o que merecemos (isso é misericórdia), mas sim o que não merecemos (isso é graça), e devemos seguir o seu exemplo. Ele nos perdoa por causa de Jesus, e nós também devemos perdoar as pessoas por causa de Cristo. Deus deseja o melhor para a nossa vida, por isso, devemos orar pelo melhor do Senhor na vida daqueles que nos maltratam.

Isso, porém, é algo que não somos capazes de fazer por nossas próprias forças. Essa atitude cristã requer muita fé e amor, e somente o Espírito Santo pode oferecer o que precisamos para demonstrar esse tipo de amor (Rm 5.5).

É provável que o exemplo de Estêvão e a sua oração quando estava sofrendo martírio tenham sido um divisor de águas na vida de Saulo de Tarso (At 7.54–8.1; 22.10), e esse deve ser um incentivo para nós sempre que alguém começar a nos atacar com palavras — ou, até mesmo, com atitudes. Com os nossos olhos na promessa celestial, devemos orar para que Deus abençoe os nossos inimigos até que a bondade dele os leve ao arrependimento (Rm 2.4). Não oramos para que eles entrem em juízo, mas para que passem a obedecer ao Senhor.

Deus não apenas transforma água em vinho, como também transforma maldição em bênção. O perverso profeta Balaão tentou amaldiçoar Israel, porém o Senhor transformou suas maldições em bênçãos (Nm 22–24; 13.2; Dt 23.5). Se tivermos fé e amor, poderemos orar por aqueles que nos amaldiçoam, pois sabemos que o Senhor transforma maldição em bênção, não apenas nesta vida, como também na vida que está por vir, em sua glória. Pelo menos, essa foi a inspirada conclusão de Paulo, quando refletiu sobre a situação do mundo: "Considero que os nossos sofrimentos atuais não podem ser comparados com a glória que em nós será revelada." (Rm 8.18).

O futuro é nosso amigo quando Jesus é o nosso Senhor.

Perguntas para discussão

1. Identifique cinco inimigos pessoais (pessoas, cultura, política, visão de mundo etc.). Anote diferentes formas por meio das quais você pode orar pelas bênçãos de Deus sobre eles — e ore.

11

"Vamos juntar as mãos, curvar a cabeça, fechar os olhos e orar"

Se você estiver dando aula para as crianças na escola dominical ou se orar para Deus abençoar uma refeição, este é um bom método a ser seguido. Crianças com a cabeça curvada e olhos fechados terão menor chance de se distrair, e com as mãos juntas para a oração, há maior possibilidade de que fiquem concentradas. Quando se trata de adultos, no entanto, não encontramos tais instruções na Palavra de Deus.

Apesar das lindas e inspiradoras pinturas de mãos em "posição de oração", o povo de Deus retratado na Bíblia não fazia isso ao orar. Muito pelo contrário, eles levantavam as mãos *abertas* em direção ao céu, porque esperavam receber algo do Senhor. "Ouve as minhas súplicas quando clamo a ti por socorro, quando ergo as mãos para o teu Lugar Santíssimo", orou Davi no Salmo 28.2 — e encontramos expressões parecidas nos

Salmos 63.4, 134.2 e 141.2. Era assim que o escriba temente a Deus, Esdras, orava (Ed 9.5; Ne 8.6), e foi isso que Paulo instruiu os cristãos a fazerem em suas assembleias locais (1Tm 2.8). Nas Escrituras, mãos ou braços cruzados geralmente descrevem pessoas preguiçosas que ficam paradas sem fazer nada (Pv 6.9-11; 24.30-34; Ec 4.5).

Quanto a cabeças curvadas, encontramos menção a pessoas que faziam isso em reverência ao Senhor, mas, essa prática não está sempre associada à oração (Gn 24.26; Êx 4.31). O povo de Deus normalmente levantava os olhos para o céu ao orar (Sl 123.1), uma prática seguida por Jesus (Mt 14.19; Jo 11.41; 17.1). Além disso, somos chamados a vigiar e orar, ou a orar com os olhos abertos. Isso significa *ficar acordado — ficar alerta*, e tem sua origem, provavelmente, em Neemias: "Mas nós oramos ao nosso Deus e colocamos guardas de dia e de noite" (Ne 4.9a).

Devemos estar bem despertos e alertas durante nossas orações por causa das pressões e distrações do mundo que nos rodeia (Mc 13.32-37), da fraqueza da carne (Mt 26.41; Mc 14.32-38) e dos ataques do diabo (Ef 6.11-18). Também devemos ficar alertas para ver as oportunidades que o Senhor nos concede (Cl 4.2). Embora algumas orações sejam calmas e tranquilas (como uma criança que descansa nos braços do pai), na maioria de nossas orações devemos nos comportar como soldados atentos, que aguardam ordens, ou que estão no campo de batalha pedindo socorro.

Todos os cristãos precisam cultivar a prática de falar com o Senhor enquanto o mundo barulhento ao redor segue o seu rumo. Os líderes espirituais medievais chamavam essa prática de "oração mental". A pessoa fecha os olhos para ajudar a bloquear as distrações, agradece a Deus pelas suas misericórdias, medita em uma verdade bíblica e, então, conversa silenciosamente com o Senhor em seu coração. Eu já fiz isso em salas de espera de hospitais, aeroportos, filas de supermercados e em uma série de outros lugares, e posso testemunhar que acalma maravilhosamente o meu espírito e me renova para fazer o que preciso. Chamo essa prática de "pausa para a oração", e tem sido especialmente útil durante minhas viagens a trabalho com minha esposa. John Bunyan afirmou: "Na oração, é melhor ter um coração sem palavras, do que palavras sem coração." E ele estava certo. "Parem de lutar! Saibam que eu sou Deus!" (Sl 46.10a).

***

Neste capítulo e nos anteriores foram mencionadas apenas algumas das práticas de oração que podem nos impedir de experimentar o enriquecimento e encorajamento oferecidos por Deus àqueles que levam a sério o momento de encontro com ele no trono da graça.

Agora, precisamos avançar no aprendizado da oração.

Perguntas para discussão

1. Em que momentos de sua vida você considera produtivo curvar a cabeça e fechar os olhos para orar? Por outro lado, em que momentos isso não foi útil ou produtivo?

Segunda etapa:

Avançando no aprendizado sobre a oração

Senhor, ensina-nos a orar.
Lucas 11.1

Eu prefiro ensinar um homem a orar a ensinar dez a pregar.
John Henry Jowett

12

"Ensina-nos a orar", nível inicial

*Certo dia Jesus estava orando em
determinado lugar. Tendo terminado, um dos
seus discípulos lhe disse: "Senhor, ensina-nos
a orar, como João ensinou aos discípulos dele."*
Lucas 11.1

Se você tivesse o privilégio de pedir ao Senhor que lhe desse uma habilidade especial, qual seria? Pediria a habilidade de fazer amigos, ganhar dinheiro, testemunhar sobre Cristo ou ser bem-sucedido em sua vocação?

A nossa resposta a essa pergunta revela o que é realmente importante em nossa vida.

Um dos discípulos do Senhor pediu que Jesus os ensinasse a orar. Eles queriam se matricular na escola da oração, e nós deveríamos fazer o mesmo, *pois quando sabemos como orar, o Senhor pode nos ajudar a satisfazer todas as nossas necessidades.*

Não importa quais habilidades possuímos, elas jamais serão superiores à nossa vida de oração. A parte mais importante de nossa vida é aquela que só é vista por Deus, e as palavras mais meritórias que dizemos são aquelas ouvidas pelo Senhor quando estamos em oração. "Tudo o que o homem faz sem Deus", escreveu George MacDonald, "resulta em fracasso horrível ou sucesso insatisfatório." O fracasso é melhor do que o sucesso insatisfatório, contudo, se aprendermos e praticarmos as lições básicas da escola da oração, não precisaremos nos preocupar com nenhum dos dois.

Existem quatro níveis na escola da oração, e cada um deles contém uma lição importante. Discutiremos esses níveis nos próximos capítulos.

Primeiro passo: nós devemos orar (Lucas 11.1)

Uma vida de oração gratificante não é um luxo desfrutado por uma elite espiritual; é uma necessidade para todos aqueles que confiam em Jesus Cristo. Devemos orar.

João Batista foi um bebê nascido por meio de um milagre que, assim como Isaque, foi dado a um casal velho demais para ter filhos. Ele foi cheio do Espírito Santo ainda no ventre de sua mãe e cumpriu a profecia do Antigo Testamento. Jesus o chamou de "o maior de todos os profetas". João Batista teve o privilégio de apresentar Cristo à nação de Israel e preparar o povo israelita para recebê-lo (Lc 1.5-25; 7.18-28).

Que pessoa privilegiada foi João Batista, e *ainda assim ele tinha de orar e ensinou os seus discípulos a orar!*

Os discípulos do Senhor tiveram o privilégio de serem chamados por ele, de viver e aprender com ele e, até mesmo, de receber dele o poder para realizar milagres. *No entanto, eles desejavam saber como orar corretamente!*

O próprio Senhor era Deus em carne humana, embora sem pecado. Ele podia curar os doentes e até ressuscitar os mortos, além de ter o Espírito Santo sem limitações (Jo 3.34). Não havia nenhuma situação que Jesus não compreendesse ou não pudesse resolver, nenhuma necessidade que Cristo não pudesse satisfazer e *ainda assim ele tinha de orar!* Os quatro Evangelhos deixam claro que Jesus não apenas ensinou sobre a oração, como também ele mesmo era um homem de oração. O Filho perfeito de Deus teve de orar enquanto viveu e pregou aqui na terra; e quanto a nós? *Nós devemos orar!*

Não podemos escapar da lição presente no ensino fundamental da oração: Devemos orar.

Perguntas para discussão

1. Quais são algumas das motivações que Jesus tinha para orar? O que esses motivos dizem sobre a sua própria necessidade de orar?

13

A oração segundo a vontade de Deus

Segundo passo: nós devemos orar segundo a vontade de Deus (Lucas 11.2-4)

A frase "quando vocês orarem" (Lc 11.2) pressupõe que Jesus esperava que seus discípulos orassem; caso contrário, teria dito "se vocês orarem". Podemos usar o seu modelo de oração, conhecida como oração do Pai-nosso, como parte do nosso culto pessoal ou coletivo — a igreja primitiva fazia essa oração em seus cultos regulares, e nós também podemos usá-la como modelo para as nossas próprias orações, o que nos ajudará a orar segundo a vontade de Deus.

A maioria de nós está, provavelmente, mais familiarizada com a versão da oração de Jesus registrada em Mateus 6.9-13:

> Pai nosso, que estás nos céus! Santificado seja o teu nome. Venha o teu Reino; seja feita a tua vontade, assim na terra como no céu. Dá-nos hoje o nosso pão de cada dia. Perdoa as nossas dívidas, assim como perdoamos aos nossos devedores. E não nos deixes cair em tentação, mas livra-nos do mal.

Relacionamentos

A oração de Jesus começa com *relacionamentos* — "Pai nosso" (Mt 6.9). A palavra "nosso" refere-se a todo o povo de Deus, pois essa é uma oração familiar para ser usada por todos os seus filhos. Podemos observar que os pronomes pessoais que se referem àqueles que oram estão todos no plural: "Pai n*osso*", "Dá-*nos*", "Perdoa *as nossas*", "*perdoamos* aos nossos", "não *nos* deixes" e "livra-*nos*". Esse fato carrega consigo algumas implicações importantes.

A primeira implicação é ter em mente que sempre que oramos, mesmo quando oramos sozinhos, *fazemos parte de uma família mundial que está orando ao Pai juntamente conosco*. O foco da nossa oração deve ser global, muito mais amplo do que nós mesmos, nossas necessidades, nossos círculos de amizade e família. O apóstolo João viu os anciãos com "as orações dos santos", não com as orações de *um* santo (Ap 5.8). Temos todo o direito de orar pelas nossas necessidades e pelas carências daqueles que amamos, no entanto, as nossas orações não devem parar aí.

Além disso, esses pronomes plurais nos lembram que não devemos pedir que o Senhor faça por nós algo que possa ferir ou excluir outras pessoas. Certa vez, perguntei a um pastor se ele já havia orado publicamente por alguma outra igreja de sua cidade. "Não", ele respondeu com um sorriso: "A minha congregação acredita que a nossa igreja é a *única* da cidade." Porém, ele começou a orar sistematicamente nos cultos de domingo por outros pastores e igrejas da cidade, assim como por ministérios de outros países, expandindo, assim, a visão daquela igreja sobre a oração. Ao incluir outros ministérios em suas orações, aquela congregação se beneficiou de verdade, pois os seus membros desenvolveram um espírito mais receptivo.

Por fim, esses pronomes plurais nos lembram que não podemos nos afastar da comunhão com os irmãos e esperar que Deus ouça e responda às nossas orações. Jesus deixou bem claro que a reconciliação com um irmão ofendido é mais importante do que apresentar uma oferta no altar do Senhor (Mt 5.21-26), e que não podemos receber o perdão de Deus enquanto não perdoarmos uns aos outros (6.14,15).

A palavra "Pai", naturalmente, sugere a outra parte da equação — o nosso relacionamento com o Pai celestial, que se deleita em responder às nossas orações para a glória do seu Filho. A menos que tenha depositado a minha fé em Jesus Cristo e tenha nascido em sua família, não tenho direito de chamar Deus de "Pai" e de levar a ele as minhas orações. A oração eficaz exige um relacionamento correto com Deus e com o próximo. "Se eu acalentasse o pecado no coração, o SENHOR não me ouviria" (Sl 66.18).

Responsabilidades

Dos relacionamentos, o nosso modelo de oração segue em direção às *responsabilidades* (Mt 6.9,10): honrar o nome de Deus, promover o seu Reino e obedecer à sua vontade.

Muitos de nós oramos como o filho pródigo: "Pai, dá-me!" A. W. Tozer escreveu: "A oração entre os cristãos evangélicos sempre corre perigo de se transformar em uma corrida do ouro glorificada."[1] Deus responde a orações para que o seu nome seja glorificado e a sua reputação, vista de maneira positiva em um mundo que presta pouca atenção ao Senhor. Antes de levarmos nossos pedidos ao Pai, devemos examiná-los à luz das nossas responsabilidades para com Deus e nos perguntar: "Se os meus pedidos forem atendidos, a resposta glorificará o nome do Senhor, fará avançar o seu Reino e cumprirá a sua vontade na terra? Ou será que os meus pedidos são egoístas?"

As pessoas que vivem pela fé e dependem da oração se tornam um mistério para os incrédulos. Algumas respostas à oração podem ser consideradas coincidências. No entanto, quando há uma resposta atrás da outra, as pessoas precisam reconhecer que se trata de um ato divino. É assim que Deus é glorificado.

Quando oramos para que o nome do Senhor seja glorificado, o egoísmo é afastado de nossas orações. Quando pedimos que o seu Reino venha e que seja feita a sua vontade, nós nos tornamos servos prontos para obedecer, e não mestres que dizem a Deus o que fazer. Estamos rendidos ao Senhor, desejamos que a sua vontade seja feita a qualquer custo e oramos como Jesus orou: "contudo, não seja como eu quero, mas sim como tu queres" (Mt 26.39b). Nada é capaz de encurtar uma lista de pedidos religiosa como o cumprimento dessas três responsabilidades.

Pedidos

Os três pedidos encontrados na oração de Jesus têm relação com as nossas necessidades atuais (Mt 6.11), com os nossos erros passados (v. 12) e com as nossas decisões futuras (v. 13). O pão de cada dia inclui muito mais do que comida (embora essa seja uma necessidade básica, sem dúvida); o pão inclui qualquer coisa que precisamos a fim de servir a Deus a cada dia. Alguém disse que a maioria das pessoas estão crucificadas entre dois ladrões — os arrependimentos do passado e as preocupações sobre o futuro — por isso, não são capazes de desfrutar das bênçãos do presente. O Senhor perdoa os pecados passados de seus filhos, provê as suas necessidades diárias (não cobiças) e guia as suas futuras decisões e circunstâncias. Então, por que deveríamos nos preocupar (Mt 6.25-34)?

Perguntas para discussão

1. Como a sua vida de oração mudaria se você se concentrasse mais em se juntar ao coro de orações a Deus — orando coletivamente como membro do corpo de Cristo?

2. Quais "arrependimentos do passado" podem estar comprometendo a sua oração pelas bênçãos de Deus no presente? Quais "preocupações futuras" podem ser distrações que atrapalham a sua comunhão com o Senhor?

Notas

1. TOZER, A. W. *The Set of the Sail.* Camp Hill, PA: Christian Publications, 1986, p. 14.

14

A oração e os propósitos de Deus

Terceiro passo: devemos orar como crianças que se aproximam de um pai generoso (Lucas 11.5-12)

Então lhes disse: "Suponham que um de vocês tenha um amigo e que recorra a ele à meia-noite e diga: 'Amigo, empreste-me três pães, porque um amigo meu chegou de viagem, e não tenho nada para lhe oferecer.' E o que estiver dentro responda: 'Não me incomode. A porta já está fechada, e eu e meus filhos já estamos deitados. Não posso me levantar e lhe dar o que me pede.' Eu lhes

> digo: Embora ele não se levante para dar-lhe o pão por ser seu amigo, por causa da importunação se levantará e lhe dará tudo o que precisar. Por isso lhes digo: Peçam, e lhes será dado; busquem, e encontrarão; batam, e a porta lhes será aberta. Pois todo o que pede, recebe; o que busca, encontra; e àquele que bate, a porta será aberta. Qual pai, entre vocês, se o filho lhe pedir um peixe, em lugar disso lhe dará uma cobra? Ou se pedir um ovo, lhe dará um escorpião?

Normalmente, a interpretação dessa parábola é que devemos ser persistentes em nossa oração e continuar batendo à porta de Deus até que ele "acorde" e decida nos dar aquilo que desejamos. No entanto, a oração não está baseada em amizade ou proximidade; baseia-se em nosso relacionamento familiar de filhos e filhas de Deus. A parábola não *compara* o Senhor com o vizinho ranzinza; ela *contrasta* o Pai com o vizinho.

O argumento do Senhor é: "Se um homem cansado, que acabou de colocar os filhos para dormir, levanta da cama para ajudar o amigo que está passando necessidade, *um Pai celestial amoroso não atenderia às necessidades de seus filhos?*"

Nós encontramos a mesma abordagem na parábola da viúva persistente de Lucas 18.1-8. Se um juiz egoísta e ímpio finalmente decidiu ajudar aquela viúva desamparada, quanto mais o nosso Pai celestial nos ajudará quando clamarmos a ele? O nosso Pai nunca cochila ou dorme, e o seu coração amoroso está sempre atento às nossas necessidades e orações. "Lancem sobre ele toda a sua ansiedade, porque ele tem cuidado de vocês." (1Pe 5.7).

A palavra "importunação" em Lucas 11.8 (em algumas versões "insistência") significa para não passar vergonha e faz referência ao desejo do vizinho de manter uma boa reputação na comunidade. Se ele não ajudasse a prover comida a um convidado da aldeia, violaria uma lei básica do Oriente, a lei da hospitalidade, e ficaria com uma reputação negativa diante de seus amigos e parentes.

Os comentaristas bíblicos explicam que a palavra "importunação" também tem o sentido de "para que a sua reputação não seja prejudicada".

***

Isso nos leva de volta a Mateus 6.9b: "Santificado seja o teu nome." *Deus responde às orações para glória do seu nome*. Ele não nos empresta o que precisamos esperando que um dia lhe paguemos de volta. O Senhor nos dá, nos dá outra vez e continua nos dando continuamente, como um pai generoso que nos ama. Se oramos por algo que não é da vontade de Deus, ele com certeza não concederá o que desejamos, mas nos dará aquilo de que precisamos, o que é infinitamente melhor.

No entanto, a parábola também nos diz outra coisa: não ore apenas quando tiver emergências à meia-noite, mas coloque, continuamente, as suas necessidades diárias diante do Pai. Em outras palavras: "Dá-nos hoje o nosso pão de cada dia." (Mt 6.11). Os tempos verbais em Lucas 11.9b são importantes: "Peçam, e lhes será dado; busquem, e encontrarão; batam, e a porta lhes será aberta." "Pedir" faz alusão à riqueza do Pai, "buscar" refere-se à sua vontade e "bater" diz respeito à sua obra. (Na Bíblia, uma porta aberta frequentemente se refere a oportunidades para servir. Veja At 14.27; 1Co 16.9; 2Co 2.12; Cl 4.3; Ap 3.8.) Nós temos legítima permissão para pedir a riqueza de Deus *quando obedecemos a sua vontade e participamos de sua obra*. O filho pródigo desejava a riqueza de seu pai, porém não desejava igualmente a sua vontade nem o seu trabalho (Lc 15.11-13).

Orar não é incomodar o Senhor, negociar, pegar empréstimo com ele ou sobrecarregá-lo. A verdadeira oração consiste em bendizer ao porque o amamos, confiamos nele e sabemos que ele atenderá às nossas necessidades, e por isso nós o buscamos e lhe apresentamos as nossas súplicas. O amor presente em nosso coração reage ao amor presente no coração de Deus. Sabemos que as suas respostas serão exatamente aquilo de que necessitamos. Nunca precisamos temer qualquer resposta à oração, pois ela vem do coração do nosso Pai de amor.

Se pedirmos pão ou ovo, ele não nos dará uma cobra ou um escorpião. O Pai dá o melhor àqueles que deixam a escolha em suas mãos. O problema é que frequentemente pedimos cobras que acreditamos serem pães, ou escorpiões que cremos serem ovos. É um sinal de maturidade quando vivemos o suficiente para sermos gratos pelas orações não respondidas.

Perguntas para discussão

1. Qual foi o maior período de tempo que você já gastou orando por alguma coisa? Com que frequência orou? Quantas vezes, no total, você acredita ter orado por isso? Por que acha que Deus demorou (ou está demorando) tanto tempo para responder?

15

A oração e a obra do Espírito Santo

Quarto passo: nós devemos orar pelos dons do Espírito Santo (Lucas 11.13)

> Se vocês, apesar de serem maus, sabem dar
> boas coisas aos seus filhos, quanto mais o
> Pai que está nos céus dará o Espírito Santo
> a quem o pedir!
> (Lucas 11.13)

A versão de Mateus dessa passagem diz: "dará coisas boas" (7.11b). Portanto, se juntarmos as duas versões, teremos: "coisas boas do Espírito Santo. Deus deseja que apresentemos nossos pedidos para que ele atenda às nossas necessidades materiais e físicas, assim como as necessidades das outras pessoas. Contudo, não devemos parar por aí. Quando o filho pródigo se arrependeu dos seus pecados e voltou para a casa do seu pai, não estava em seus planos orar "Pai, quero", mas "Pai, trata-me" (veja Lc 15.19). Ele estava preocupado com o caráter e o serviço, não com os bens e o prazer.

Recomendo que você dedique algum tempo para refletir sobre as orações feitas pelo apóstolo Paulo quando ele estava preso, registradas em Efésios 1.15-23; 3.14-21, Filipenses 1.9-11 e Colossenses 1.9-12. Observe que os pedidos que ele faz pelas pessoas daquelas igrejas se concentram nos dons do Espírito Santo relacionados ao caráter. Deus deseja que os seus filhos amadureçam em caráter e se tornem mais parecidos com Jesus Cristo — ou seja, que eles recebam as "coisas boas do Espírito". A maioria, senão todos, dos problemas das famílias e das igrejas seria resolvida se os cristãos pedissem a Deus que cumprisse essas orações em sua própria vida. O objetivo de Deus para nós é que sejamos "conformes à imagem de seu Filho" (Rm 8.29b; veja 2Co 3.18), e os pedidos feitos por Paulo têm esse objetivo.

Nesse mesmo contexto, devemos transformar as nove manifestações do fruto do Espírito em motivos de oração (Gl 5.22,23), pedindo que Deus produza essas qualidades maravilhosas em nossa própria vida por meio do seu Santo Espírito. Enquanto lemos os registros presentes nos Evangelhos, que relatam a vida e o ministério terrenos de Jesus Cristo, devemos orar para que o belo caráter e a conduta do Senhor sejam reproduzidos em nós. O propósito da vida espiritual não é nos tornarmos grandes cristãos, o que quer que isso signifique, mas sim glorificar o grande Salvador, revelando-o por meio do nosso caráter e nossa conduta. O Pai deseja que todos os seus filhos se tornem como o seu

Filho amado. É por isso que devemos nos matricular no nível de pós-graduação da escola de oração e pedir ao Pai os dons do Espírito Santo.

***

Quando estudar a importante passagem de Lucas 11.13, você descobrirá que Jesus corrigiu uma série de equívocos sobre a oração.

- A oração não é um luxo; é uma necessidade. Precisamos orar.
- Orar não é incomodar um amigo mal-humorado, e sim aproximar-se de um Pai celestial amoroso e paciente que nunca dorme.
- Orar não é pegar emprestado com um vizinho, mas sim receber dádivas do Pai. É tudo de graça.
- A oração não é apenas para o nosso benefício. Ela é, em primeiro lugar, para a glória de Deus.
- A oração não deve ser feita apenas durante as emergências da vida, mas também em nossas experiências diárias. "Orem continuamente." (1Ts 5.17). Peça, busque e bata à porta continuamente pela fé.
- Não precisamos ter medo das respostas de Deus. Ele não nos dará uma cobra quando estivermos com fome de pão.
- Orar envolve pedir as melhores bênçãos do Espírito, não apenas as necessidades materiais da vida. Ambas são importantes.

Então, diga-me: Você está avançando na prática da oração?

Perguntas para discussão

1. Escreva uma oração de uma única frase começando por "Pai, dá-me" e, depois, escreva outra começando por "Pai, faz-me". Descreva qual é a principal diferença entre elas.

Terceira etapa:

Construindo sua autoridade na oração

Algumas orações são seguidas pelo silêncio porque são erradas, outras porque as suas respostas são maiores do que podemos compreender.
Oswald Chambers

Às vezes, eu tremo ao ouvir pessoas citar promessas afirmando que Deus as cumprirá na vida delas, quando há algum pecado que elas não estão dispostas a abandonar.
Dwight L. Moody

Ore continuamente, mas seja grato pelo fato de que as respostas de Deus são sempre mais sábias do que as suas orações!
William Culbertson

16

O seu relacionamento com Deus define as suas orações

O filósofo e escritor Eric Hoffer escreveu em seu livro *Working and Thinking on the Waterfront* [Trabalhando e pensando à beira-mar]: "De manhã cedo, de alguma forma, me ocorreu que eu nunca havia orado em toda a minha vida."[1] Quando li essa declaração, considerei, seriamente, escrever um livro chamado "Como viver sem a oração", mas eu me dei conta de que não há nada de encorajador a se dizer sobre uma vida sem oração, por isso, abandonei o projeto.

O povo de Deus simplesmente não pode viver sem a oração, ainda assim, muitos tentam fazer isso. "Vocês cobiçam coisas, e não as têm [...] porque não pedem", adverte o texto de Tiago 4.2, que sugere que aqueles que não oram não sabem o que estão perdendo. A oração é um privilégio tão caro e insubstituível que não devemos nos atrever a negligenciá-la ou fazer mau uso dela. Enquanto estivermos neste mundo, nada pode substituir a oração.

Uma vida de oração eficaz exige que tenhamos um relacionamento correto com Deus, com as outras pessoas e com nós mesmos. Se algo estiver errado nessas áreas, certamente teremos problemas em nossa vida de oração. Queremos que as nossas orações cheguem aos céus (2Cr 30.27) e sejam aceitas pelo Todo-poderoso (Jó 42.9; Sl 6.9). A última coisa que desejamos é vivenciar o que o remanescente judeu experimentou depois que o Senhor enviou os babilônios para destruir Jerusalém: "Mesmo quando chamo ou grito por socorro, ele rejeita a minha oração. [...] Tu te escondeste atrás de uma nuvem para que nenhuma oração chegasse a ti" (Lm 3.8,44). Queremos que as nossas orações cheguem até Deus!

***

O Senhor não apenas ouve a oração dos justos (Pv 15.29), como também nela se deleita "a oração do justo o agrada." (Pv 15.8b). Toda vez que ouve e responde às nossas orações, o Senhor está compartilhando o seu amor conosco. "Louvado seja Deus, que não rejeitou a minha oração nem afastou de mim o seu amor!" (Sl 66.20). Essa é uma das suas muitas maneiras de se aproximar de nós. "O Senhor está perto de todos os que o invocam, de todos os que o invocam com sinceridade." (Sl 145.18). Para nós, a oração deve significar não apenas nos deleitarmos em Deus, como também fazer com que ele se deleite em nós.

Um relacionamento mais profundo com o Senhor envolve a *fé que leva à confiança e o amor que leva à obediência*. Sem fé, é impossível agradar a Deus (Hb 11.6), e a fé é essencial para as respostas de oração. "E tudo o que pedirem em oração, se crerem, vocês receberão"

(Mt 21.22). Porém, "a fé vem por se ouvir a mensagem, e a mensagem é ouvida mediante a palavra de Cristo." (Rm 10.17b). Portanto, não podemos ignorar a Palavra de Deus e esperar que ele responda às nossas orações. Jesus disse: "Se vocês permanecerem em mim, e as minhas palavras permanecerem em vocês, pedirão o que quiserem, e lhes será concedido." (Jo 15.7).

Por outro lado, "Se alguém se recusa a ouvir a lei, até suas orações serão detestáveis." (Pv 28.9). O profeta Zacarias esclareceu isso mais tarde: "Endureceram o coração e não ouviram a Lei e as palavras que o Senhor dos Exércitos tinha falado, pelo seu Espírito, por meio dos antigos profetas. Por isso o Senhor dos Exércitos irou-se muito. 'Quando eu os chamei, não me deram ouvidos; por isso, quando eles me chamarem, também não os ouvirei', diz o Senhor dos Exércitos." (Zc 7.12,13). Por que o Senhor deveria nos ouvir quando não o ouvimos?

Aqueles que têm fé no Senhor possuem a confiança interior de que ele ouve e responde às orações (1Jo 5.14,15), e aqueles que o amam possuem o desejo de obedecer-lhe. Jesus disse: "Se vocês me amam, obedecerão aos meus mandamentos." (Jo 14.15). Eles conhecem a alegria resultante da obediência em sua comunhão com o Senhor. Também sabem que a obediência é essencial para um relacionamento correto com Deus, um relacionamento que leva a orações respondidas. O salmista confirma: "Se eu acalentasse o pecado no coração, o Senhor não me ouviria; mas Deus me ouviu, deu atenção à oração que lhe dirigi." (Sl 66.18,19). A palavra traduzida como "acalentasse" no versículo 18 significa "admitir a existência do pecado, aprová-lo e não fazer nada a respeito".

A desobediência é uma barreira instransponível para a oração eficaz, especialmente se for mascarada por hipocrisia religiosa. Nos tempos de Isaías, o povo de Israel se aglomerava no templo, levava sacrifícios ao altar e levantava as mãos em oração. No entanto, o Senhor não se impressionava com essas coisas. Ele enviou esta mensagem por intermédio do seu servo Isaías:

> "Para que me oferecem tantos sacrifícios?", pergunta o Senhor. "Para mim, chega de holocaustos de carneiros e da gordura de novilhos gordos. Não tenho nenhum prazer no sangue de novilhos, de cordeiros e de bodes! Quando vocês vêm à minha presença, quem lhes pediu que pusessem os pés em meus átrios? Parem de trazer ofertas inúteis! O incenso de vocês é repugnante para mim. Luas novas, sábados e reuniões! Não consigo suportar suas assembleias cheias de iniquidade. [...] Quando vocês estenderem as mãos em oração, esconderei de vocês os meus olhos; mesmo que multipliquem as suas orações, não as escutarei!" (Is 1.11-13,15).

O tamanho é a principal medida de sucesso em muitas igrejas atualmente. Porém, o Senhor não se alegrou com as multidões que enchiam o templo nos dias de Isaías. Dwight L. Moody disse que "os convertidos deveriam ser pesados, e não apenas contados", e quando o Senhor pesou as pessoas que faziam parte da congregação do templo, elas não atingiram o padrão desejado. As mãos piedosamente levantadas em oração estavam manchadas pelo sangue de viúvas e órfãos indefesos que foram tratados de maneira injusta e tiveram os seus escassos bens roubados (Is 1.18-23).

Aqui estão os quatro obstáculos para que as orações sejam respondidas: incredulidade, desobediência intencional, negligência à Palavra de Deus e hipocrisia mascarada pela religião. Esses obstáculos ainda estão muito presentes em nossa vida.

Perguntas para discussão

1. Como é possível ter confiança e saber que Deus responderá às suas orações?

Notas

1. HOFFER, Eric. *Working and Thinking on the Waterfront: A Journal, June 1958–May 1959*. London: Harper & Row, 1969, p. 118.

17

O seu relacionamento com outras pessoas define as suas orações

É impossível não ter boa convivência com os irmãos e, ao mesmo tempo, desfrutar de uma comunhão gratificante com Deus. Paulo escreveu: "Façam todo o possível para viver em paz com todos." (Rm 12.18). Isso, certamente, deve começar dentro de casa.

O conselho de Pedro aos esposos e esposas em 1Pedro 3.1-7 termina assim: "Do mesmo modo vocês, maridos, sejam sábios no convívio com suas mulheres e tratem-nas com honra, como parte mais frágil e co-herdeiras do dom da graça da vida, de forma que não sejam interrompidas as suas orações." (v. 7). Pedro deduziu que maridos e mulheres oravam juntos e quis que Deus respondesse às suas orações, por isso os alertou sobre desentendimentos conjugais.

No entanto, não é apenas no âmbito familiar que colocamos obstáculos às bênçãos de Deus. Podemos ter relacionamentos ruins com as pessoas na igreja também. "E quando estiverem orando, se tiverem alguma coisa contra alguém, perdoem-no, para que também o Pai celestial lhes perdoe os seus pecados", disse Jesus em Marcos 11.25. Essa admoestação está ligada ao quinto pedido da oração do Pai-nosso: "Perdoa as nossas dívidas, assim como perdoamos aos nossos devedores." (Mt 6.12). Paulo escreveu: "Quero, pois, que os homens orem em todo lugar, levantando mãos santas, sem ira e sem discussões." (1Tm 2.8).

Nos anos 1960, fui escalado para conduzir uma conferência bíblica de três dias em uma igreja que ficava a cerca de duas horas de distância daquela onde eu era pastor. Quando cheguei, na noite de segunda-feira, para o primeiro culto da conferência, fiquei chocado ao saber que o pastor local havia pedido demissão no dia anterior, sem aviso prévio, e que os líderes da congregação dividida começavam a culpar uns aos outros. Que bela maneira de iniciar uma conferência bíblica! Eu havia planejado pregar uma mensagem a respeito de três ocorrências na Bíblia sobre "purificação": "Lava-me" (Sl 51.7), "Lavem-se!" (Is 1.16) e "vocês também devem lavar os pés uns dos outros". (veja Jo 13.14b). Parecia que aquela igreja precisava justamente dessa mensagem.

No final do sermão, eu disse: "Talvez algumas pessoas aqui precisem que Deus as limpe, e também necessitem limpar a si mesmas. Talvez precisemos nos desculpar e lavar os pés uns dos outros. Se quiser, venha à frente, vou orar por sua vida. Mas, talvez, você precise atravessar até o outro lado da igreja para falar com alguém antes de vir à frente falar com o Senhor." Ao cantarmos um suave cântico de consagração, as pessoas começaram a sair de seus lugares. Foi a primeira vez que vi algo parecido. As pessoas se apressaram para abraçar seus amigos e pedir perdão pelas coisas que haviam dito e feito.

Encerramos aquela conferência bíblica com uma reunião de oração e louvor, o Senhor curou muitas feridas e encheu o nosso coração de amor. *No entanto, a nossa oração teria sido inútil se antes não tivéssemos dado lugar à confissão e ao perdão.* Conflitos pessoais no lar e na igreja são sérios obstáculos para as respostas de oração, e devem ser tratados. "Se alguém afirmar: 'Eu amo a Deus', mas odiar seu irmão, é mentiroso, pois quem não ama seu irmão, a quem vê, não pode amar a Deus, a quem não vê." (1Jo 4.20).

Perguntas para discussão

1. Você já experimentou ou testemunhou orações levianas que não começam com confissão?

18

Esquizofrenia religiosa

Reflita sobre esta passagem de 1João 1.5-10:

> Esta é a mensagem que dele ouvimos e transmitimos a vocês: Deus é luz; nele não há treva alguma. Se afirmarmos que temos comunhão com ele, mas andamos nas trevas, mentimos e não praticamos a verdade. Se, porém, andarmos na luz, como ele está na luz, temos comunhão uns com os outros, e o sangue de Jesus, seu Filho, nos purifica de todo pecado. Se afirmarmos que estamos sem pecado, enganamos a nós

> mesmos, e a verdade não está em nós. Se confessarmos os nossos pecados, ele é fiel e justo para perdoar os nossos pecados e nos purificar de toda injustiça. Se afirmarmos que não temos cometido pecado, fazemos de Deus um mentiroso, e a sua palavra não está em nós.

Nós lemos a expressão "se afirmarmos" três vezes nessa passagem, nos versículos 6, 8 e 10, e elas descrevem o contraste entre o que afirmamos ser e o que, de fato, somos. As nossas afirmações, é claro, são falsas, pois não correspondem à realidade. No versículo 6, mentimos *às outras pessoas* a respeito da nossa comunhão com Deus; no versículo 8, mentimos *para nós mesmos* sobre os nossos pecados e tentamos aliviar a nossa consciência e, no versículo 10, mentimos *para Deus*! Mentir para os outros é hipocrisia, mentir para nós mesmos é dissimulação, mas tentar mentir para o Senhor beira a apostasia absoluta. Quanto mais tempo mentimos, mais rapidamente o nosso caráter se deteriora e mais o Senhor tem de tratar conosco para restaurar a nossa integridade.

Porém, é na segunda afirmação — quando mentimos para nós mesmos — que desejo me concentrar. Trata-se de uma artimanha muito sutil do diabo. Ele nos leva, lentamente, a acreditar que o nosso estado espiritual está saudável quando, na verdade, não está. No início, permitimos que o diabo nos engane a respeito de algo em nossa vida que consideramos pouco importante; então, gradualmente, deixamos que ele nos ensine como enganarmos a nós mesmos sobre coisas realmente muito importantes.

Pensamos que estamos seguros porque mantemos nossas práticas religiosas — leitura bíblica diária e oração, presença nos cultos, ofertas e certa medida de respeitabilidade cristã —, quando, ao mesmo tempo, os nossos pensamentos estão poluídos e os nossos pecados secretos se multiplicam. Assim como as pessoas descritas em Isaías 1, usamos as nossas práticas religiosas para encobrir nossos pecados. No entanto, o Senhor conhece a verdade.

Se mentimos para nós mesmos em relação a nossos pecados secretos, não estamos bem conosco nem com o Senhor; as nossas orações são um desperdício de tempo, pois Deus não responderá a elas. Nós nos tornamos *esquizofrênicos religiosos* do tipo que Tiago descreveu: "Peça-a, porém, com fé, sem duvidar, pois aquele que duvida é semelhante à onda do mar, levada e agitada pelo vento. Não pense tal pessoa que receberá coisa alguma do Senhor, pois tem mente dividida e é instável em tudo o que faz." (Tg 1.6-8).

O avivamento é simplesmente um retorno à realidade espiritual, o que inclui sermos honestos com Deus, com as outras pessoas e com nós mesmos. Significa confessar os nossos pecados e sair das trevas em direção à luz.

***

Certa vez, preguei uma série de mensagens para a rádio sobre algumas orações não respondidas na Bíblia, e essas mensagens foram, mais tarde, publicadas em um livro chamado *Famous Unanswered Prayers* [Famosas orações não respondidas]. Contudo, nem as transmissões nem o livro fizeram sucesso, e eu me perguntava o motivo disso. Um amigo sugeriu que a maioria das pessoas não quer ouvir sobre derrotas; elas querem ser incentivadas pelas histórias de sucesso. Então, lembrei-me do renomado pastor metodista, Clovis Chappell, que havia publicado um livro chamado *Familiar Failures* [Fracassos familiares]. Seu livro teve o mesmo destino do meu, pelo mesmo motivo: Quem quer ler sobre fracassos?

Entretanto, a derrota é uma parte normal da vida e é, geralmente, um mestre severo, porém honesto; ignorá-la pode ser um convite para fracassos ainda maiores. Há um aspecto positivo no fracasso que todo cientista, inventor e empresário podem atestar: é o que Henry Ford chamou de "a oportunidade de começar de novo de maneira mais inteligente".

A Lucy disse ao Charlie Brown: "Aprendemos mais com os nossos fracassos do que com os nossos sucessos." E ele respondeu: "Então, eu sou a pessoa mais inteligente do universo!" Talvez fosse melhor se Lucy tivesse dito: "Nós *podemos* aprender", porque a oportunidade para o aprendizado está presente para aqueles que desejam aproveitá-la.

Como cristãos, devemos nos dar conta de que aquilo que parece fracasso para nós pode ser Deus nos presenteando com uma oportunidade melhor. Gosto da observação feita por Cheryl Forbes, que diz: "Por algum motivo, nunca enxergamos Deus nos fracassos, apenas nos sucessos — o que é algo estranho para nós que temos a cruz como o centro da nossa fé." Se examinarmos algumas das orações não respondidas na Bíblia e *buscarmos enxergar o Senhor e a sua verdade*, então, a nossa busca não será em vão.

Perguntas para discussão

1. Por que mentimos para nós mesmos e para Deus sobre os pecados de nossa vida? Há algum pecado em sua vida sobre o qual tenha mentido para você ou para o Senhor?

2. Quais experiências em sua própria vida são consideradas fracassos pelos padrões do mundo? De que maneira Deus as transformou em sucesso?

19

Presunção perniciosa

**O caso de Israel
(Deuteronômio 1.26-46; Números 13–14)**

Cerca de dois anos depois que o Senhor libertou Israel do Egito, Deus os conduziu até Cades-Barneia, a porta de entrada para a terra de Canaã. Em vez de obedecer ao Senhor pela fé, o povo se recusou a entrar na terra. Então, o Senhor anunciou que os lançaria em uma marcha fúnebre de 38 anos que destruiria todas as pessoas com vinte anos de idade ou mais, exceto Josué e Calebe. Então, a nação disse: "Pecamos contra o Senhor." É duvidoso que o seu arrependimento tenha sido sincero.

Previsivelmente, essa declaração foi seguida da sua decisão de entrar na terra por conta própria, sem a aprovação ou a ajuda de Deus. É claro que eles foram impiedosamente derrotados. Moisés os havia advertido de não agirem de forma tão tola, mas eles não deram ouvidos. Tal atitude só provou ainda mais como eles não estavam em sintonia com o Senhor. "Vocês voltaram e choraram perante o SENHOR, mas ele não ouviu o seu clamor nem lhes deu atenção." (Dt 1.45). Eles experimentaram o que William Culbertson costumava chamar de "as trágicas consequências do pecado perdoado".

Israel subiu as montanhas desafiadoramente para lutar contra o inimigo (Nm 14.44), e o pecado desafiador é uma coisa perigosa. O texto de 1João 5.15,16 o chama de "pecado que leva à morte"; e Números 15.22-31 ensina que Deus fez uma distinção entre pecados involuntários e pecados cometidos deliberadamente. Para o primeiro tipo, havia sacrifícios que traziam perdão, porém, para o pecador desafiador, não havia sacrifício disponível. O rei Davi, homem segundo o coração de Deus, ao cometer adultério e assassinato, não ofereceu qualquer sacrifício ao Senhor. Em vez disso, atirou-se à misericórdia de Deus (Sl 51.16,7).

Deus não responde às orações daqueles que o desafiam de maneira presunçosa e fazem o que bem entendem, esperando que ele conserte as coisas depois. Os dois primeiros requisitos para uma oração eficaz são uma fé que leve à confiança e um amor que leve à obediência, e Israel não tinha nenhum dos dois. Com exceção de Moisés, Calebe e Josué, o povo de Israel era teimoso e obstinado, o que os tornou desafiadores. Por essa razão, perderam o privilégio de poder reivindicar a sua herança.

O caso de Moisés e Arão
(Deuteronômio 1.37,38; 3.21-28; 4.21,22; Números 20.1-13)

O que Israel fez coletivamente, Moisés fez pessoalmente e, como resultado, também foi proibido de entrar em Canaã. Ele era um homem humilde (Nm 12.3), e como outros líderes, fracassou na área que era seu forte, e não o seu fraco. Moisés perdeu a paciência, chamou as pessoas de rebeldes, exaltou a si mesmo e Arão acima do Senhor e bateu na rocha em vez de falar com ela. Deus, em sua graça, atendeu às necessidades do povo e fez com que água jorrasse da rocha. Porém, o Senhor informou a Moisés e a Arão que a arrogância deles havia lhes custado o privilégio de entrar em Canaã. Josué sucederia a Moisés e levaria o povo à terra prometida.

Moisés orou para que Deus mudasse de ideia e lhe permitisse entrar na terra, no entanto, o Senhor não deu ouvidos à sua oração. Na verdade, disse a Moisés que parasse de pedir aquilo. Tenho a impressão de que Moisés orava frequentemente sobre essa questão até que Deus finalmente ordenou que ele parasse. O Senhor permitiu que Moisés visse a terra prometida de certa distância antes de morrer (Dt 34.1-4) e, além disso, ele a visitou rapidamente no monte da Transfiguração (Mt 17.1-8). Contudo, o pecado da vaidade teve, claramente, um efeito nocivo até na vida do grande e piedoso líder Moisés.

Existem pecados da carne e pecados do espírito (2Co 7.1), e o de Moisés foi um pecado do espírito. Ele se zangou com o povo, perdeu a paciência e disse a todos que ele e Arão tirariam água da rocha. Ao roubarem a glória de Deus, Moisés e Arão roubaram a si mesmos a alegria de entrar na terra prometida. Os refinados pecados do espírito são tão ímpios diante do Senhor quanto os pecados imundos da carne, e podem nos custar muito caro.

O caso de Elias
(1Reis 19.1-14)

"Já tive o bastante, Senhor", disse Elias a Jeová. "Tira a minha vida; não sou melhor do que os meus antepassados." O profeta Elias estava envolvido por uma "vitimização" que inflava o seu ego, mas não resolvia os seus problemas. Na verdade, só os piorava. Contudo, antes de criticar de maneira muito severa esse grande profeta, devemos verificar se já não fizemos a mesma coisa durante algum momento ruim da vida.

É óbvio que se Elias realmente desejasse morrer, Jezabel teria feito a sua vontade; o profeta, no entanto, não estava falando sério quando orou pedindo isso. Ele simplesmente havia enfrentado tempos difíceis de ministério —, clamando por fogo do céu, matando profetas idólatras e dando fim a um longo período de seca, ao orar por chuva. Além disso, ele estava solitário, cansado e emocionalmente esgotado. Sempre que você se sentir assim, não tome decisões importantes, pois, sem dúvida, elas estarão erradas e você se arrependerá no futuro.

Elias cometeu um grande erro quando deixou o campo de batalha e seguiu sozinho para o monte Sinai. Ele não tinha motivo para temer as ameaças de Jezabel, mas temia não cumprir a vontade de Deus. Para pessoas tementes a Deus, o pecado é muito pior do que o martírio. Até aquele momento do seu ministério, o profeta só havia agido depois de alguma ordem do Senhor. "Depois disso a palavra do SENHOR veio a Elias" era sempre o seu sinal para agir (veja 1Rs 17.1-3; 8,9; 18.1). Porém, agora ele estava vivendo por vista, não pela fé, e estava fora da vontade do Senhor, portanto, não poderíamos esperar que soubesse pelo que orar. Ele estava seguindo os seus sentimentos, e esses o desviaram do caminho.

Elias e Pedro eram homens corajosos que falharam na área em que eram mais fortes. Elias fugiu quando Jezabel o ameaçou, e Pedro murchou e mentiu quando uma criada lhe fez uma pergunta. Mas, o orgulho também foi um fator importante em seus trágicos fracassos. "Não sou melhor do que os meus antepassados" indica que Elias talvez estivesse se comparando a Moisés (que morreu em uma montanha) ou a Josué e Gideão (que derrotaram idólatras), e se considerou falho. O apóstolo

Pedro se vangloriava de que seria fiel a Cristo mesmo que todos os outros discípulos o abandonassem. No entanto, ele não cumpriu a sua promessa.

Vamos supor que Deus tivesse respondido à oração de Elias e tirado a sua vida, deixando que o seu corpo apodrecesse naquela caverna. O trabalho do profeta teria ficado incompleto, pois ele ainda precisava nomear um sucessor. Além disso, teria perdido um passeio glorioso de carruagem até o céu! A sua oração foi egoísta, é claro — o mesmo tipo de oração que fazemos quando estamos sozinhos, nutrindo nossos medos e decepções. Elias precisava estar com alguns daqueles sete mil israelitas que não haviam dobrado o joelho a Baal ou, talvez, com alguns dos alunos da escola de profetas. Eles o teriam encorajado. Nem mesmo o Senhor enfrentou o Getsêmani sozinho, mas, em vez disso, chamou três dos discípulos para acompanhá-lo (Mc 14.32-42). "Não é bom que o homem esteja só" (Gn 2.18) se aplica tanto ao ministério quanto ao casamento. Jesus enviou seus discípulos de dois em dois para que eles pudessem encorajar e ajudar uns aos outros (Mc 6.7), e Salomão escreveu: "É melhor ter companhia do que estar sozinho" (Ec 4.9-12).

Quando Tiago desejou encorajar seus leitores a orar e confiar em Deus independentemente de como eles se sentissem, ele os aconselhou a lembrarem-se de Elias: "A oração de um justo é poderosa e eficaz. Elias era humano como nós" (Tg 5.16b, 17a). Esse é um grande incentivo, especialmente durante os momentos difíceis da vida, quando dizemos ao Senhor: "Já basta." É nessa hora que Deus se aproxima de nós e nos ajuda a seguir em frente. "Pois ele sabe do que somos formados; lembra-se de que somos pó." (Sl 103.14).

Tanto Moisés quanto Elias experimentaram a dor da decepção e a repreensão das orações não respondidas. No entanto, ambos também compartilharam da glória de Jesus no monte da Transfiguração

(Mt 17.1-8). Vamos nos lembrar de Elias naquela montanha da glória, e não na caverna da tristeza. Onde abunda o pecado, superabunda a graça do todo-poderoso.

Salomé, Tiago e João
(Mateus 20.17-28)

Salomé era uma das mulheres que acompanhavam Jesus em seu ministério e cuidavam de suas necessidades. A maioria dos estudiosos bíblicos acredita que ela era a mulher de Zebedeu e a mãe de Tiago e João (veja Mt 27.56; Mc 15.40,41; 16.1). Uma coisa é certa: Salomé tinha grandes ambições para os seus dois filhos. No entanto, Jesus não respondeu à oração dela.

> Então, aproximou-se de Jesus a mãe dos filhos de Zebedeu com seus filhos e, prostrando-se, fez-lhe um pedido. "O que você quer?", perguntou ele. Ela respondeu: "Declara que no teu Reino estes meus dois filhos se assentarão um à tua direita e o outro à tua esquerda." Disse-lhes Jesus: "Vocês não sabem o que estão pedindo. Podem vocês beber o cálice que eu vou beber?" "Podemos", responderam eles. Jesus lhes disse: "Certamente vocês beberão do meu cálice; mas o assentar-se à minha direita ou à minha esquerda não cabe a mim conceder. Esses lugares pertencem àqueles para quem foram preparados por meu Pai." Quando os outros dez ouviram isso,

ficaram indignados com os dois irmãos. Jesus os chamou e disse: "Vocês sabem que os governantes das nações as dominam, e as pessoas importantes exercem poder sobre elas. Não será assim entre vocês. Ao contrário, quem quiser tornar-se importante entre vocês deverá ser servo, e quem quiser ser o primeiro deverá ser escravo; como o Filho do homem, que não veio para ser servido, mas para servir e dar a sua vida em resgate por muitos". (Mt 20.20-28).

Tiago e João tinham uma mãe que orava e obedecia às regras básicas para obter respostas para suas súplicas. Em primeiro lugar, ela teve a atitude correta ao se aproximar humildemente de Jesus, ajoelhar-se aos seus pés e verbalizar o seu pedido de maneira simples e específica. Em sua excelente seção sobre oração, em Institutas da religião cristã, João Calvino lista a *reverência* como a primeira regra da oração, que foi obedecida por Salomé. Em segundo lugar, ela reivindicou uma promessa, pois orar envolve requerer as promessas de Deus, e Jesus havia dito que os apóstolos se sentariam com ele em tronos (Mt 19.28). Em terceiro lugar, ela exibiu uma grande fé, pois Jesus havia acabado de anunciar que ele seria condenado à morte na cruz (Mt 20.17-19). Por que perguntar sobre tronos quando ele tinha uma cruz em seu futuro? Por fim, ela e seus dois filhos concordaram sobre o pedido, e Jesus havia prometido responder a esse tipo de oração (Mt 18.19).

A sociedade de hoje está obcecada por livros sobre como fazer alguma coisa, com os seus "sete passos para o sucesso", e esse mal, infelizmente, já entrou na igreja. Por que sete passos e não dez? Quais textos bíblicos deram base para que os autores escolhessem esse número? Um editor evangélico que conheço alterou um ótimo título para um que incluía um determinado número porque, segundo as pessoas que trabalham com marketing, "os números fazem muito sucesso atualmente, porque as pessoas gostam de coisas que possam ser medidas". O que aconteceu com "a medida da plenitude de Cristo"? (Ef 4.13b).

Salomé seguiu as regras aprovadas para o sucesso da oração, porém o Senhor, ainda assim, não concedeu o seu desejo. Por quê? Porque ela se esqueceu de equilibrar essas regras com aquilo que Jesus ensinou na oração do Pai-nosso, a começar pela questão dos relacionamentos. Ela ignorou o fato de que ela e seus filhos pertenciam à família da fé e que o que eles estavam pedindo, beneficiaria apenas a eles mesmos, esquecendo-se das outras pessoas. Não é de admirar que os outros apóstolos ficassem indignados, pois orações egoístas geram divisão na família de Deus.

Tiago 4 é o "capítulo de guerra" da Bíblia, que explica por que alguns cristãos não conseguem se dar bem uns com os outros; e uma das principais causas é encontrada no versículo 3: "Quando pedem, não recebem, pois pedem por motivos errados, para gastar em seus prazeres." Salomé estava certa de que seus filhos mereciam aqueles tronos, o que significa que ela não tinha muita consideração pelos outros apóstolos, alguns dos quais podem ter sido até mais merecedores do que Tiago e João.

O conceito de motivação na oração nos leva da área dos relacionamentos para a área das responsabilidades declaradas na oração do Pai-nosso. O pedido de Salomé glorificava o nome de Deus? Provavelmente não. A sua oração ajudou a apressar a vinda do Reino de Cristo? Não. Ela ajudou no cumprimento da vontade de Deus na terra? De acordo com Jesus, não. Se Salomé e seus filhos tivessem analisado o seu pedido de oração à luz do Pai-nosso, eles nunca o teriam levado até o Mestre.

Orar significa muito mais do que seguir algumas regras; também significa respeitar relacionamentos e aceitar responsabilidades.

A oração envolve *dar* e não apenas *receber*. Não devemos esperar por simples respostas às nossas orações. Para assentar-se no trono, Jesus precisou sofrer e morrer. No entanto, Tiago e João desejavam receber seus tronos sem precisar pagar um preço por isso. "Vocês não sabem o que estão pedindo. Podem vocês beber o cálice que eu estou bebendo ou ser batizados com o batismo com que estou sendo batizado?" A resposta dos discípulos sempre me deixa assustado: "Podemos" (Mc 10.38,39a). Eles não apenas não sabiam o que estavam pedindo, como também não conheciam o próprio coração. Acreditavam realmente que seriam capazes de seguir Jesus em seu sofrimento. Porém, quando veio a crise, eles o abandonaram e fugiram assim como os outros discípulos.

A oração é um privilégio da graça, e as respostas que o Senhor nos envia são dádivas, *mas ainda existe um preço a ser pago*. Falarei mais sobre isso quando refletirmos sobre a oração de Paulo registrada em Efésios 3.14-21, mas, por enquanto, quero enfatizar que devemos estar preparados não apenas para orar, como também para receber a resposta de Deus e usá-la para a sua glória. Tiago e João não receberam nenhuma garantia de que seriam entronizados em lugares de honra, mas receberam a garantia de que beberiam do cálice e experimentariam o batismo. Tiago foi o primeiro apóstolo a tornar-se mártir (At 12.1,2). João foi o último a morrer, contudo, antes de falecer, sofreu perseguição e foi exilado por causa do nome de Cristo.

É realmente necessário pedir um trono a Deus, quando já estamos assentados nas regiões celestiais com Cristo? (Ef 2.6). Além disso, *a oração é o nosso trono neste mundo*, o "trono da graça" (Hb 4.14-16). A graça de Deus reina porque Cristo governa, e temos o privilégio de reinar na vida por meio dele (Rm 5.17). Tiago e João queriam assentar-se em lugares de honra no Reino futuro, nós, porém, temos uma honra ainda maior, pois estamos assentados com Cristo *hoje* e temos o privilégio de podermos nos aproximar do trono da graça. Portanto, reinamos na vida como vencedores pelo nome de Jesus.

Por fim, é perigoso dizer ao Senhor Jesus que merecemos um trono e estamos preparados para pagar o preço. Tiago bebeu do cálice de Cristo. João viveu mais do que todos os outros apóstolos, e quando já estava mais velho e exilado na ilha de Patmos (Ap 1.9), recebeu seu batismo. Até para o próprio Jesus Cristo, primeiro foi necessário que ele enfrentasse a cruz para, depois, receber a coroa. Primeiro o sofrimento, depois a glória. Quem somos nós para reverter a ordem de Deus? Quando se trata da oração, pedimos ao Todo-poderoso aquilo que desejamos, porém precisamos estar preparados para pagar por isso. Falarei mais sobre essa questão na próxima seção.

Há tantas respostas maravilhosas à oração registradas nas Escrituras que as poucas preces não respondidas não deveriam nos desanimar. Na verdade, elas deveriam nos incentivar a examinar o nosso coração e as nossas súplicas a fim de termos certeza de que estamos orando segundo a vontade de Deus. Essa será a nossa tarefa na seção a seguir.

Perguntas para discussão

1. Descreva uma ocasião (na oração ou na vida real) em que você tenha pecado presunçosamente no espírito, talvez da mesma forma que Moisés, roubando a glória de Deus.
2. Descreva (ou diga) uma oração que possa parecer correta em palavras, mas que tenha motivações erradas.

Hora da avaliação

Sonda-me, ó Deus, e conhece o meu coração; prova-me, e conhece as minhas inquietações. Vê se em minha conduta algo te ofende, e dirige-me pelo caminho eterno.
Salmo 139.23,24

Examinem-se para ver se vocês estão na fé; provem-se a vocês mesmos.
2Coríntios 13.5a

Um cristão que não se examina é como um jardim sem cuidado. Deixe o seu jardim crescer sem receber nenhum cuidado durante alguns meses e, quando você observá-lo, não verá rosas ou tomates, mas sim ervas daninhas... É preciso examinar, ensinar, instruir, disciplinar, cuidar, vigiar, aparar e cultivar para que a vida siga nos trilhos.
A. W. Tozer

Se oro para que outra pessoa seja o que não sou, ou faça o que não faço, então a minha oração fica paralisada.
Oswald Chambers

20

Fazendo um inventário da sua vida de oração

Ao descrever as últimas horas de Sócrates, Platão, em *Apologia de Sócrates*, conta que o grande filósofo disse: "A vida sem reflexão não vale a pena ser vivida." Ele estava certo. Embora o excesso de introspecção possa levar ao desespero e o exame superficial possa resultar em falsa confiança, uma avaliação honesta pode nos tornar pessoas melhores se, de fato, colocarmos em prática aquilo que aprendemos.

Quando nos submetemos ao escrutínio do Espírito à luz das Escrituras, aumentamos nosso conhecimento sobre o Senhor e sobre nós mesmos e desenvolvemos a humildade, a honestidade e a integridade. Viver na terra da fantasia é flertar com o desastre. Foi por isso que Davi orou: "Sonda-me, ó Deus" (Sl 139.23a). A abordagem do Senhor é terna e o seu diagnóstico é preciso, portanto, não precisamos temer. A sua avaliação é uma radiografia, não uma autópsia.

Se a vida não passar por exame não vale a pena ser vivida, e o mesmo pode ser dito acerca da vida de oração. É muito fácil seguir uma "rotina diária de devocional" e não orar de verdade. Lemos os versículos do dia e seguimos nosso calendário de oração. Porém, dia após dia, inconscientemente, apertamos um botão mental de "replay" e oramos da mesma maneira. Quando terminamos, nós nos parabenizamos por termos cumprido o nosso "tempo de oração". No entanto, muito pouco do bem espiritual duradouro foi, de fato, alcançado.

Algo que me ajuda a testar a minha própria vida de oração é meditar nas orações registradas na Bíblia, especialmente aquelas feitas por Paulo na prisão (Ef 1.15-23; 3.14-21; Fp 1.9-11; Cl 1.9-12). A segunda oração de Paulo em Efésios 3.14-21 nos encoraja a fazer algumas perguntas pessoais sobre a nossa vida de oração:

> Por essa razão, ajoelho-me diante do Pai, do qual recebe o nome toda a família nos céus e na terra. Oro para que, com as suas gloriosas riquezas, ele os fortaleça no íntimo do seu ser com poder, por meio do seu Espírito, para que Cristo habite no coração de vocês mediante a fé; e oro para que, estando arraigados e alicerçados em amor, vocês possam, juntamente com todos os santos, compreender a largura, o comprimento, a altura e a profundidade, e conhecer o amor de Cristo que excede todo conhecimento, para que vocês sejam

cheios de toda a plenitude de Deus. Àquele que é capaz de fazer infinitamente mais do que tudo o que pedimos ou pensamos, de acordo com o seu poder que atua em nós, a ele seja a glória na igreja e em Cristo Jesus, por todas as gerações, para todo o sempre! Amém!

Estou realmente orando?

Paulo era um homem de oração. Quando ainda era um fariseu não convertido, com certeza oferecia as orações tradicionais do judaísmo, e a sua vida cristã começou com três dias de jejum e oração (At 9.9,11). Ele não se envergonhava em pedir que seus amigos orassem por ele (Rm 15.30; Ef 6.19; Cl 4.3; 1Ts 5.25; 2Ts 3.1), e também orava fielmente por eles (Rm 1.8-10; Ef 1.15-23; 3.14-21; Fp 1.4,9-11; Cl 1.3,9-12; 1Ts 1.3; 2Ts 1.11; 2Tm 1.3). Para Paulo, a oração não era apenas importante: era essencial.

O apóstolo Paulo sabia que a oração não é um luxo, mas uma necessidade, e que o cristão que não ora perderá, gradualmente, a força e a percepção espiritual, tornando-se, eventualmente, fraco e fracassado. Jesus disse a seus discípulos "que eles deviam orar sempre e nunca desanimar." (Lc 18.1b). A palavra "desanimar" significa "ficar cansado", "ceder ao mal", "acovardar-se". Os cristãos que não oram não apenas se cansam durante a obra do Senhor, como se cansam da obra em si e, finalmente, desistem. Torna-se fácil para eles ceder às tentações e permanecer em silêncio quando há oportunidade para testemunhar sobre Cristo. Não é uma boa situação.

"Mas eu oro o dia inteiro!", dizem algumas pessoas. "Não preciso separar um tempo todo dia para me concentrar na Palavra de Deus e me dedicar à oração." Esses são os efeitos de uma sociedade *fast-food,* que se orgulha de fazer tudo correndo.

Você realmente ora "o dia inteiro"? Se ora, continue assim; mas lembre-se de que "orar continuamente" (1Ts 5.17) não elimina momentos separados para dedicar-se à oração, assim como um rápido beijo de boa noite em seu filho não elimina a necessidade de passar um tempo de qualidade com ele ao longo dos dias. Você já passou a noite inteira orando ou mesmo por uma hora? Jesus pediu que seus discípulos fizessem isso. "Vigiem e orem para que não caiam em tentação" (Mc 14.37-38a). Neemias fazia orações rápidas ao céu, contudo, ele também sabia como prostrar-se e clamar a Deus por ajuda (Ne 1).

Se a oração não é importante em sua vida diária, confesse isso ao Senhor e peça a sua ajuda para separar um tempo diário para a oração — *e faça-o!*

Por que estou orando?

As pessoas têm motivos diferentes para orar — bons e ruins. Há aquelas que fazem longas orações apenas para serem vistas e ouvidas por pessoas que as elogiarão por sua santidade (Mt 6.5; 23.14). Jesus não chamou isso de santidade, mas de hipocrisia. Charles Spurgeon escreveu: "Algumas pessoas *amadurecem* quando oram; outras apenas *incham.*" Ele também dizia a seus alunos que longas orações em público normalmente significam curtas orações em secreto. Jesus não morreu na cruz para que pudéssemos impressionar os outros com as nossas orações.

Há, também, pessoas que oram somente para receber coisas de Deus. As suas listas de oração são, na verdade, "listas de desejos", especialmente quando há alguma emergência. Depois de uma forte tempestade, um grupo de vizinhos de uma cidade na Flórida estava limpando a bagunça, quando um deles disse: "Não tenho vergonha de admitir que orei de verdade ontem à noite." O único cristão devoto presente naquele grupo disse à sua esposa: "Aposto que o Senhor ouviu muitas vozes desconhecidas na noite de ontem!" Sim, a oração é a forma escolhida por Deus para que seus filhos recebam o que precisam, porém a oração é muito mais do que apresentar ao Senhor uma "lista de desejos."

Por que Paulo estava orando? As palavras "Por essa razão", escritas em Efésios 3.14, nos remetem ao primeiro versículo do capítulo, que também diz "Por essa razão" (3.1). Essas palavras fazem referência ao que ele estava dizendo no final do segundo capítulo: *a edificação da Igreja* (Ef 2.19-21). Deixe-me repetir o sábio conselho de Robert Law: o propósito da oração não é que a vontade dos homens seja atendida no céu, mas que a vontade de Deus seja atendida na terra. Jesus disse: "[Eu] edificarei a minha igreja" (Mt 16.18b), e *um dos motivos da oração é o Senhor poder operar em nós e por nosso intermédio para ajudá-lo na edificação da Igreja.*

A carta aos Efésios está, certamente, repleta de verdades sobre a Igreja de Jesus Cristo. Paulo descreveu a Igreja como um corpo (Ef 1.23;2.16; 3.6; 4.4,12,16,25; 5.23,30), um edifício (2.21), uma noiva (5.22-33), uma família (3.15) e um exército (6.10-18). Ao orarmos, devemos nos perguntar: "Se Deus me conceder esse pedido, isso ajudará na edificação da Igreja no mundo? Fortalecerá e aumentará o corpo de Cristo? Aprofundará o nosso amor por Jesus? Tornará toda a família da fé mais parecida com o Senhor? Ajudará a equipar o exército para lutar contra as forças do mal? Estou orando apenas pelas minhas necessidades e pelas carências da comunidade da qual faço parte, ou estou pensando em todo o povo de Deus ao redor do mundo?" Paulo escreveu "todo o edifício" (2.21), "toda a família" (3.15) e "um mesmo corpo" (4.25). É sobre isso que oramos? Se não, por que estamos orando?

Como estou orando?

Encontramos quatro "posturas espirituais" na carta de Paulo aos Efésios: *assentado* nas regiões celestiais com Cristo Jesus (2.6), *ajoelhado* diante do Pai em oração (3.14), *andando* diariamente em Cristo (4.1,17 ARA; 5.2,8,15 ARA) e *permanecendo de pé* em Jesus contra o inimigo (6.11,13,14 NVT). Conhecer e tomar posse da nossa posição em Cristo nas regiões celestiais determina o nosso comportamento na terra.

Quando eu estava assistindo a uma seção do Senado americano na televisão, ouvi o falecido Hubert Humphrey dizer: "Aqui em Washington, o lugar onde nos sentamos determina como nos posicionamos." Sem perceber, o Sr. Humphrey falou uma verdade espiritual muito profunda. Se reivindicamos, pela fé, a nossa posição gloriosa em Cristo, então, a nossa caminhada e nossa postura serão o que devem ser; *no entanto, a ligação entre a minha posição no céu e a minha conduta na terra é o ajoelhar diante do Pai em oração.*

Isso não significa que ajoelhar é a única postura para a oração. Abraão ficou em pé diante do Senhor ao interceder por Sodoma (Gn 18.22), e quando Salomão fez a dedicação do templo, ele começou a orar de pé para só depois se ajoelhar (1Rs 8.22,54). Esdras e Daniel ajoelharam-se para orar (Ed 9.5; Dn 6.10), já Davi "assentou-se diante do Senhor" (2Sm 7.18b). Tanto Pedro quanto Paulo se ajoelharam para orar (At 9.40; 20.36; 21.5). No jardim, Jesus se ajoelhou para orar e depois curvou-se com o rosto no chão (Lc 22.41; Mt 26.39). O que realmente importa é a postura do coração, pois devemos estar totalmente rendidos e submissos a Deus.

Como Paulo orava? Ele orava como um filho de Deus rendido à vontade do Pai e como um servo de Deus aguardando as ordens do seu Mestre. Na época, ele era prisioneiro de Roma, mas afirmava ser "prisioneiro no Senhor" (Ef 4.1a) e se entregava completamente quando orava. O nosso Senhor é o exemplo perfeito, pois ele orou: "Afasta de mim este cálice; contudo, não seja o que eu quero, mas sim o que tu queres" (Mc 14.36b). Quando temos essa atitude de submissão, Deus atende às nossas necessidades.

Pelo que estou orando?

Ao orar pelos cristãos em Éfeso (Ef 3), Paulo apresentou quatro pedidos ao Pai, e devemos fazer o mesmo quando oramos por nós mesmos e por outras pessoas.

Força espiritual (Ef 3.16)

O problema aqui é a fraqueza espiritual. O nosso interior tem necessidades espirituais paralelas às necessidades físicas, e quando oramos, o Espírito Santo atende essas necessidades a partir das "gloriosas riquezas" que temos em Cristo Jesus. O corpo precisa de comida, e o nosso interior também precisa de alimento, a nutritiva Palavra de Deus (Mt 4.4). Os cristãos devem treinar a piedade da mesma maneira que os atletas treinam fazendo exercícios físicos (1Tm 4.7,8). Sem alimentação e exercício adequados, nenhum atleta é capaz de obter sucesso em uma competição.

Jesus advertiu os seus discípulos: "O espírito está pronto, mas a carne é fraca" (Mt 26.41b). Pedro pensou que era forte o suficiente para enfrentar o inimigo e até se vangloriou de que não abandonaria o Senhor, porém, apesar de suas boas intenções, ele fracassou terrivelmente. O mesmo acontecerá conosco se não orarmos para que ele nos fortaleça no íntimo do nosso ser com poder, por meio do seu Espírito (Ef 3.16).

Profundidade espiritual (Ef 3.17)

Não temos apenas um problema de fraqueza, mas também de superficialidade. *A profundidade espiritual é uma das maiores necessidades da igreja nos dias de hoje*. Muitas lições e pregações apenas tocam a superfície da Palavra porque pastores e professores não obedecem ao que está escrito em Provérbios 2.1-8 e não buscam o tesouro escondido. Os cultos nas igrejas também lembram, muitas vezes, crianças em uma creche se entretendo com comportamentos infantis e intermináveis repetições. A. W. Tozer disse que aquilo que as pessoas chamam de "vida mais profunda" só parece profundo porque a vida do cristão médio é muito superficial, e ele estava certo.[1]

Ouvi Vance Havner dizer que se uma pessoa quisesse ter comunhão espiritual com alguém em uma igreja normal, ela teria que regredir! A Igreja de Jesus Cristo deveria se lançar em águas mais profundas (Lc 5.4) e cavar mais fundo (6.48). No entanto, a maioria das pessoas prefere apenas se molhar em uma piscina rasa e construir a base da sua vida na areia.

Em suas orações, Paulo usou três palavras que fazem referência à profundidade: *habitar*, *enraizar* e *estabelecer*. A palavra traduzida como "habitar" significa "ficar à vontade e se sentir em casa". Cristo não é uma visita em nossa vida; ele é o dono da casa. É interessante observar em Gênesis 18 que quando Jesus foi encontrar Abraão, passou um tempo com ele em sua casa. Porém, Cristo mandou dois anjos para visitar Ló em Sodoma. Parece que Jesus não se sentia "em casa" com Ló e sua família em Sodoma. Será que Cristo se sente à vontade em nosso coração? Será que ele pode cumprir em nós a promessa de João 14.21-24, de que ele e o Pai farão morada em nós e compartilharão do seu amor? É isso que significa ter uma "vida mais profunda" para Jesus.

Paulo também usou a palavra "enraizar", que faz referência a uma árvore cujas raízes crescem para dentro da terra, buscando alimento e permanecendo firme e inabalável em meio a qualquer tempestade. O texto original diz que devemos estar "firmemente enraizados". O que

Jesus disse sobre pessoas com o coração superficial aplica-se a muitos cristãos atualmente: não têm raízes (Mc 4.16,17). Quando o sol das tribulações os queimarem, eles murcharão e morrerão, pois não possuem raízes fincadas na terra.

"Estabelecer" é uma palavra que, em termos arquitetônicos, pode fazer referência à fundação de um edifício. A fundação é a parte mais importante da estrutura, porque determina o tamanho, a forma, a força e a estabilidade do prédio. Um arquiteto me disse: "Se não construirmos uma fundação muito profunda, não poderemos construir um edifício muito alto." Parece até uma frase tirada de uma pregação religiosa! É por meio da oração disciplinada e cheia de fé que recebemos força e profundidade espirituais.

Perspectiva espiritual (Ef 3.18,19)

Muitos cristãos sinceros não são apenas marcados por fraqueza e superficialidade, como também são afligidos por uma *visão estreita*. A sua percepção do amor de Deus simplesmente não é ampla o bastante. Muitas pessoas não têm dificuldade de orar por si mesmas, suas famílias, amigos e igrejas. Porém, quando se trata de compreender o significado de "todos os santos" e as vastas dimensões do amor de Deus, elas se sentem completamente perdidas. Muitas vezes, não temos a perspectiva necessária para enxergar as pessoas da maneira que Jesus as via — como uma grande plantação à espera de ser colhida, ou como ovelhas aflitas e desamparadas sendo guiadas ao matadouro por falsos pastores (Mt 9.36-38).

No entanto, se as nossas raízes espirituais estiverem profundamente firmes no amor de Deus e as nossas fundações construídas nesse mesmo amor, seremos capazes de compreender a imensidão do amor do Senhor por nós. Quando isso acontecer, a nossa perspectiva será ampliada e poderemos fazer tudo o que estiver em nosso poder para alcançar uma geração perdida e edificar a Igreja ao redor do mundo.

Plenitude espiritual (Ef 3.19)

Fraqueza, superficialidade, estreiteza e, agora, *vazio*. Não estou me referindo a edifícios de igreja desabitados, embora realmente existam muitos casos assim, mas à vida vazia de pessoas que afirmam conhecer Jesus Cristo. Na Bíblia, estar "cheio" significa ser "controlado". Estar "cheio do Espírito" (Ef 5.18) significa ser "controlado pelo Espírito", e ser "cheio de toda a plenitude de Deus" significa viver do transbordamento do poder do Senhor em nossa vida. Transbordamento, e não ressaca!

Você talvez conheça a história do homem que foi contratado para tirar um navio naufragado do fundo do mar e rebocá-lo até a costa. O peso da embarcação, a pressão da água e a sucção causada pelo fundo do oceano tornaram a tarefa muito difícil e desafiadora, porém ele conseguiu resolver o problema. Na maré baixa, ele colocou correntes por baixo e ao redor do navio e as amarrou em grandes balsas transportadoras. Então, esperou a maré subir. A maré cheia levantou as balsas, que por sua vez superaram os obstáculos e levantaram a embarcação do fundo do mar. Uma vez que o navio estava na superfície, foi possível rebocá-lo até a costa.

A experiência da maravilhosa "plenitude de Deus" começa pela totalidade do seu amor. Nunca seremos capazes de amar como o Senhor ama, contudo podemos ser controlados e motivados pelo seu amor, "porque Deus derramou seu amor em nossos corações, por meio do Espírito Santo que ele nos concedeu." (Rm 5.5b). O amor é a primeira manifestação do fruto do Espírito e é seguido por "alegria, paz, paciência, amabilidade, bondade, fidelidade, mansidão e domínio próprio"

(Gl 5.22,23), que são, todas, manifestações do amor (1Co 13.4-7). O fruto vem da vida e possui em si as sementes para produzir mais frutos.

Agora, vamos à pergunta mais difícil do nosso inventário.

Estou disposto a fazer parte da resposta?

Paulo concluiu a sua oração com uma bênção que enfatiza o poder e a glória do Senhor. Nosso Deus infinito pode fazer muito mais do que pedimos ou planejamos, porque ele é glorificado quando faz coisas inesperadas e impossíveis. Mas no cerne dessa bênção está a frase: "de acordo com o seu poder que atua em nós" (Ef 3.20b). Deus, muitas vezes, responde às orações sem nenhuma ajuda de seus filhos. Contudo, muitas vezes, também *responde trabalhando por nosso intermédio*. Quando oramos, devemos estar disponíveis para fazer parte da resposta.

Durante os quarenta anos em que Moisés foi pastor de rebanho em Midiã, tenho certeza de que ele orou muitas vezes por causa do sofrimento do povo hebreu no Egito. Um dia, o Senhor apareceu a Moisés e o chamou para que fosse ao Egito e libertasse o povo (Êx 3). Moisés descobriu que, quando oramos, ficamos disponíveis para ser parte da resposta.

Em Neemias 1–2, Hanani, o irmão de Neemias, havia acabado de voltar de uma visita a Jerusalém e Neemias perguntou como estava a cidade. O relato contado pelo irmão foi desanimador e partiu o seu coração. Então, Neemias começou a orar. Em resposta à sua oração, Deus o chamou para ir a Jerusalém reconstruir os muros da cidade. Deus frequentemente responde a orações "de acordo com o seu poder que atua em nós" (Ef 3.20b).

É uma grande bênção *receber* respostas de oração, mas é uma bênção ainda maior quando *somos* a resposta de oração. Jesus disse a seus discípulos: "Peçam, pois, ao Senhor da colheita que envie trabalhadores para a sua colheita", e depois os enviou (Mt 9.38; 10.1)! Orar de verdade não é dar ordens ao Pai; é apresentar a ele as necessidades e, depois, obedecer às suas determinações.

Uma família cristã fazia seu devocional e dedicava uma parte inteira dele para orar pelas necessidades urgentes de um missionário conhecido. Em uma dessas ocasiões, depois que o pai terminou de orar, um filhos mais novos disse: "Papai, se eu tivesse o seu talão de cheques, poderia responder às suas orações." Ah, crianças! Aquele menino queria fazer parte da resposta.

***

Todo esse estudo da oração foi projetado para nos mover:
- da falta de objetivos a uma vida com propósito: a edificação da Igreja;
- da resistência à vontade de Deus à submissão;
- do isolamento à comunhão com todos os santos;
- da pobreza às riquezas;
- da fraqueza à força;
- da superficialidade à profundidade;
- da visão estreita à ampla perspectiva do amor de Deus;
- do vazio à plenitude;
- de ser um espectador a tornar-se um participante

... e tudo isso para a glória de Deus.

Perguntas para discussão

1. Em média, quantas vezes por dia você fala diretamente com Deus em oração?

2. De que maneira as suas orações mudariam se a sua única motivação fosse ver a vontade de Deus ser cumprida na terra?

3. Quais necessidades você tem entregado ao Senhor ultimamente? Como suas orações mudariam se você pedisse direção a Deus para se tornar parte da solução a essas necessidades?

Notas

1. TOZER, A.W. *Keys to the Deeper Life*. Grand Rapids, MI: Zondervan, 1963, p. 32.

Vivendo na prazerosa disciplina da oração

Envia a tua luz e a tua verdade; elas me guiarão e me levarão ao teu santo monte, ao lugar onde habitas. Então irei ao altar de Deus, a Deus, a fonte da minha plena alegria. Com a harpa te louvarei, ó Deus, meu Deus!
Salmo 43.3,4

Alegra o coração do teu servo, pois a ti, Senhor, elevo a minha alma. Tu és bondoso e perdoador, Senhor, rico em graça para com todos os que te invocam. Escuta a minha oração, Senhor; atenta para a minha súplica!
Salmo 86.4-6

Em todas as minhas orações em favor de vocês, sempre oro com alegria.
Filipenses 1.4

Até agora vocês não pediram nada em meu nome. Peçam e receberão, para que a alegria de vocês seja completa.
João 16.24

21

Aproximando-se do trono da graça

Quando oramos, nós nos aproximamos do "trono da graça" (Hb 4.16). Vamos considerar a importância dessa imagem familiar. Trono remete à autoridade, e graça, à generosidade. Assentado no trono está um Rei, diante do qual nós nos curvamos, porém, como ele é um Rei gracioso, podemos falar com ele sem medo e levantar as mãos com fé para receber as suas bênçãos. O trono representa a lei e a verdade; o nosso Deus conhece tudo a nosso respeito e poderia nos julgar. A graça, no entanto, representa o amor de Deus, o qual nunca muda. Em toda a sua graça, o Senhor nos dá tudo o que jamais poderíamos merecer e, em toda a sua misericórdia, ele não nos dá tudo o que merecemos. Que trono!

Autoridade e generosidade; lei e graça; graça e verdade; misericórdia e verdade. Seria esse conceito um paradoxo, uma incoerência ou uma contradição impossível? Sim e não, e justamente por causa dessa aparente contradição, a nossa aproximação ao trono da graça é um desafio para a nossa fé e para os nossos sentimentos. Quando oramos, devemos equilibrar em nosso coração a grandeza da autoridade divina com a bênção de sua graça abundante. "Adorem o Senhor com temor; exultem com tremor." (Sl 2.11). Reflita sobre esse versículo.

Não há nenhuma contradição no trono da graça. Por quê? Porque naquele trono a graça reina por intermédio da justiça (Rm 5.21). A morte sacrificial de Jesus na cruz atendeu às justas exigências da santa lei de Deus. O pecado e a morte continuam reinando neste mundo (Rm 5.14,17,21), mas a graça de Deus também está reinando do trono e podemos "reinar na vida" por meio de Cristo (Rm 5.17). "Pois a Lei foi dada por intermédio de Moisés; a graça e a verdade vieram por intermédio de Jesus Cristo." (Jo 1.17).

Quando oramos no Espírito, compartilhamos ativamente dos "direitos do trono" do Salvador. Nós nos aproximamos em seu nome, o que significa com a sua autoridade, pedindo o mesmo que ele próprio pediria. Graças a esse privilégio, podemos nos aproximar com ousadia e liberdade de expressão, falando com o Pai da mesma maneira que Jesus falava quando vivia na terra.

É por isso que funciona o aparente paradoxo. Celebramos o seu reinado "com tremor" porque trememos diante do trono, mas, ainda assim, nos regozijamos com a graça de Deus.

"Alegre-se no Senhor"

Vamos considerar primeiro o que significa se alegrar no Senhor e se deleitar em quem ele é e no que ele diz e faz.

Quando oramos, a nossa comunhão com Deus deve ser a nossa maior alegria. O nosso deleite deve estar naquele que dá, e não nas dádivas que recebemos. Quando o Senhor é a nossa maior alegria, a oração se torna mais uma relação de amor, em vez de uma transação comercial. Assim como o salmista, nós nos aproximamos felizes do "altar de Deus", que é a nossa alegria e o nosso prazer (Sl 43.4).

Se Deus não é a alegria suprema da nossa vida, a nossa oração se tornará rotineira ou egoísta, e, na verdade, provavelmente ambas. Ela se tornará rotineira por falta de paixão, e não terá alegria por falta de prazer no Senhor quando oramos. Quando a oração é simplesmente uma tarefa religiosa, ela se torna uma mera obrigação que devemos cumprir diariamente, a fim de exercermos os nossos votos e tranquilizar a nossa consciência. "Quando a religião perde o seu caráter soberano, tornando-se meramente uma forma", escreveu A. W. Tozer, "a sua espontaneidade também é perdida, e em seu lugar entra o critério, a propriedade, o sistema — e uma mentalidade mecânica."[1]

É dessa maneira que os cristãos legalistas oram. Eles se concentram tanto em seguir a sua rotina e incluir todos os seus pedidos, que se esquecem de adorar o Senhor e de expressar o seu amor ao Pai. Independentemente dos fardos que carregamos ou dos problemas que enfrentamos, a nossa maior prioridade durante a oração é adorar a Deus e nos alegrarmos pelo privilégio de podermos viver em comunhão com ele. Em suma, a oração não é uma rotina religiosa para apresentarmos pedidos intermináveis, como se fosse uma espécie de roda da fortuna. A oração é, antes de tudo, uma relação de alegria entre os filhos de Deus e o seu bendito Pai celestial, um relacionamento que se aprofunda mais a cada dia.

Não importa o que apresentamos em oração: ela deve trazer alegria ao nosso coração. Orações de confissão trazem a alegria do perdão (1Jo 1.9; Sl 32; 51.8), e orações de adoração e ação de graças trazem a alegria da proximidade de Deus (Sl 43.4; Hc 3.18). Quando, ao orarmos, nós nos colocamos em posição de submissão diante do Senhor, ele derrama alegria em nosso coração (Lc 1.46-49; 10.21). Quando oramos por nossas necessidades e as entregamos a Deus, ele nos dá alegria e nos garante que cuida de nós (Sl 94.19; 1Pe 5.7). Meditar na verdade de Deus e descobrir os seus preciosos tesouros alegra o nosso coração (Sl 19.8; 119.14,162). Sim, há lágrimas e fardos quando oramos, mas Jesus prometeu transformar a nossa tristeza em alegria (Jo 16.20-24).

Lembre-se de que o objetivo principal de separar um tempo para orar e meditar na Palavra todos os dias é amar a Deus e permitir que ele nos ame, assim como *aceitar a sua vontade de bom grado*. O inimigo tem muita dificuldade para tentar e derrotar um cristão que é verdadeiramente feliz na vontade de Deus.

"Exultem com tremor"

Deus ordena que exultemos "com tremor" (Sl 2.11). A reverência e o respeito devem estar em equilíbrio com a nossa alegria, e a nossa alegria, em equilíbrio com a nossa reverência e o nosso respeito. Ficar completamente deslumbrado nos deixaria sem palavras, e há momentos em que essa é uma reação saudável (Jó 40.1-5; Rm 3.19); no entanto, se ficarmos totalmente eufóricos, provavelmente agiremos como tolos, como fãs que imploram por autógrafos de uma celebridade. Seria uma boa experiência ter uma reunião pessoal com um chefe de Estado, um general famoso ou um estudioso renomado, mas, ao mesmo tempo, provavelmente iríamos gostar de demonstrar respeito e agir como pessoas maduras. Se eu fosse apresentado a Albert Einstein, não apertaria a sua mão, dizendo: "Prazer em conhecê-lo, Al!"

A Palavra nos instrui a não sermos muito "informais" com Deus, tratando-o como se ele fosse um de nós. "Ficaria eu calado diante de tudo o que você tem feito? Você pensa que eu sou como você? Mas agora eu o acusarei diretamente, sem omitir coisa alguma." (Sl 50.21). A atriz que afirmou ser cristã, mas chamou o Senhor de um "boneco vivo", ainda tinha muito a aprender, assim como as pessoas que se referem a Deus como "o cara lá de cima". Davi tinha algo a dizer sobre isso: "Deus, que reina desde a eternidade, me ouvirá e os castigará. Pois jamais mudam sua conduta e não têm temor de Deus." (Sl 55.19).

Talvez você esteja se perguntando: "Mas o Espírito Santo que habita em nós não diz 'Aba, Pai', o que é uma expressão de intimidade e amor?" De acordo com Romanos 8.15 e Gálatas 4.6, você está completamente certo. "*Aba* Pai" foi o que Jesus disse quando orou no jardim (Mc 14.36). No entanto, a palavra *Aba* [papai] não sugere um contraste entre intimidade e frieza durante a oração, mas entre intimidade e medo abominável, a atitude de um escravo ou de uma criança insegura (Rm 8.15,16). Deus deseja que sejamos íntimos, mas não impertinentes, especialmente durante as nossas orações públicas. "Pode haver familiaridade", afirmou Charles Spurgeon, "mas uma familiaridade santa; ousadia, mas o tipo de ousadia que brota da graça e é obra do Espírito [...] a ousadia da criança que teme porque ama e ama porque teme." Na última ceia, o apóstolo João se inclinou perto de Jesus de maneira íntima, porém, quando viu Jesus na ilha de Patmos, ele caiu aos seus pés como um homem morto (Ap 1.17).

Se eu fosse convidado para conhecer uma pessoa famosa a quem admirasse, eu me prepararia para conhecê-la e não deixaria de comparecer ao encontro. O mesmo vale para quando nos encontramos com Deus em oração. Não estou falando das orações espontâneas que apresentamos ao trono durante o dia, como mensagens de e-mail. Estou falando daquele período maior de culto e oração que reservamos diariamente, aquele tempo separado só para o Senhor. *A menos que nós disponibilizemos um tempo "para sermos santos", talvez essas orações do tipo e-mail não cheguem ao céu.* Como aquele vizinho incomodado da parábola de Lucas 11.5-8, não devemos bater à porta de Deus apenas em situações de emergência. Devemos passar tempo de qualidade com o Senhor todos os dias e, quando as situações críticas se apresentarem, não precisaremos entrar em pânico.

A disciplina da oração

A oração é um prazer, porém ela também é uma disciplina. "Dediquem-se à oração" (Cl 4.2a) traz a ideia de "aderir à prática da oração e nela persistir", "tornar-se dependente da oração". Romanos 12.12b diz: "perseverem na oração." Isso significa disciplina.

A palavra "disciplina" pode perturbar qualquer pessoa que tenha sido criada em um lar legalista ou que tenha frequentado uma escola que fazia uso de correção imediata e rígida ("disciplina") para com todos os seus alunos desobedientes. Com razão, elas equiparam a vida cristã com "liberdade", mas algumas, têm tendência a usar a passagem de 2Coríntios 3.17 fora de contexto apenas para defender aquilo que é, basicamente, a sua própria negligência. Infelizmente, alguns de nós que desejam reivindicar a liberdade no Espírito também têm dificuldade para entender por que devemos ter momentos dedicados à oração e à adoração, assim como algum plano em relação aos nossos devocionais pessoais.

No entanto, "disciplina" é uma palavra perfeitamente boa e uma prática cristã bastante aceitável. Na verdade, as palavras "disciplina" e "discípulo" vêm do vocábulo em latim que significa "instrução". A palavra neotestamentária "discípulo" significa, simplesmente, "aprendiz". Esse tipo de formação pode incluir castigos, porém a ênfase está na instrução, repreensão, correção e recompensa. De fato, sem disciplina aprenderíamos pouco, e a sociedade como um todo teria poucos músicos, atletas, artistas, escritores, estudiosos ou praticantes de qualquer habilidade, desde arquitetura até zoologia.

A disciplina não destrói a liberdade; ela, pelo contrário, alarga e aumenta a liberdade. "Andarei em verdadeira liberdade", disse o salmista, "pois tenho buscado os teus preceitos." (Sl 119.45). As pessoas que se submetem à disciplina de aprender e compreender as escalas musicais terão o privilégio de liberar o talento que possuem e de tocar lindas melodias. Aquilo que os bancos de areia são para os rios, a disciplina é para o talento: impedem que o rio se transforme em um pântano.

A melhor maneira de formar atletas vencedores é colocá-los sob a autoridade de grandes treinadores, capazes de ensinar disciplina. Depois que as regras e os princípios do esporte já tiverem sido compreendidos, esses atletas farão naturalmente aquilo que só faríamos com dificuldade — isso se conseguíssemos! O Espírito Santo nos ajuda a equilibrar a disciplina e o prazer, a liberdade e a ordem, aquilo que é planejado e o espontâneo, a reverência e a alegria, e cada hora que passamos com o Senhor nos preparará para enviar melhores orações "do tipo e-mail" ao longo do dia.

O que fazemos e por que fazemos?

Aqui está o básico daquilo que precisará para as suas reuniões diárias com o Senhor.

- Uma hora em que se sinta em seu melhor estado mental e físico, e um lugar onde não possa ser incomodado.
- Sua Bíblia.
- Um caderno para registrar pedidos de oração, respostas de Deus e verdades reveladas pelo Senhor por meio da Palavra em seu dia a dia.

- Quaisquer calendários de oração usados para os ministérios que Deus colocou em seu coração para apoiar com suas orações (e, talvez, até financeiramente).
- Um coração preparado para adorar o Senhor, para ouvir o que ele fala por meio da sua Palavra, para orar e para esperar, em silêncio, na presença dele.

Os seus encontros diários com o Senhor são tanto o termostato quanto o termômetro da sua vida espiritual. Se você deseja adiá-los, apressá-los ou (Deus me livre!) cancelá-los, saiba que a sua vida espiritual está com problemas. Satanás usa muitos métodos sutis para tentar fazer com que minimizemos esses momentos. Portanto, você terá de pedir ajuda ao Senhor e se comprometer a proteger os seus devocionais com ele.

A principal tática do inimigo é nos deixar tão ocupados que perdemos a noção das horas e aí não temos tempo para orar. Por mais ocupado que estivesse, Jesus levantou-se cedo de manhã para orar (Mc 1.35) e, independentemente da multidão de pessoas que buscavam a sua ajuda, ele se retirou sozinho para orar (Mt 14.22,23). Se estamos ocupados demais para orar, estamos fazendo mais tarefas do que deveríamos e precisamos aprender a rejeitar as demandas menos importantes de nossa vida.

Comece os seus momentos com o Senhor tentando refletir silenciosamente sobre as misericórdias dele e agradecendo por tudo o que ele é, faz e dá. Talvez seja bom meditar sobre alguma verdade bíblica ou sobre a letra de algum hino. Você pode até cantar para o Senhor! Cada um de nós deve descobrir qual é, pessoalmente, a melhor abordagem para esse momento especial, mas *sempre* devemos estar focados em Jesus Cristo e exaltá-lo.

> O Senhor, o seu Deus, está em seu meio, poderoso para salvar. Ele se regozijará em você; com o seu amor a renovará, ele se regozijará em você com brados de alegria.
> (Sf 3.17).

Depois que o seu coração estiver calmo diante do Senhor e o seu foco estiver somente nele, você pode abrir a Palavra e ler a mensagem que ele tem para a sua vida naquele dia específico. Descobri que prefiro seguir um programa de leitura bíblica e ler passagens do Novo e do Antigo Testamento. Muitos cristãos consideram um bom plano de leitura começar com o primeiro capítulo de Gênesis, de Salmos e de Mateus para depois seguir lendo a Bíblia em seu próprio ritmo. Você deve ler um capítulo inteiro todos os dias. Na verdade, pode se sentir desafiado por um versículo ou por uma passagem específica. Porém, estará lendo, sistematicamente, em um ritmo que for melhor para você. Siga as referências cruzadas, pois poderá descobrir "atalhos para bênçãos" que se cruzam ao longo das Escrituras.

Lembre-se de que você não está participando de uma maratona; está simplesmente ouvindo a voz do Senhor. Portanto, não pense que precisa ler um determinado número de versículos. Cada dia é novo, diferente, e cada dia o Espírito nos direciona aos versículos que precisamos ler. O Espírito Santo também pode tocar o seu coração para interromper a leitura e a meditação para começar a orar sobre algo para o qual a Palavra chamou a sua atenção. Seja obediente. Quando o Senhor lhe apresentar uma joia espiritual, escreva em seu caderno. Você poderá usar isso algum dia quando estiver ministrando a outras pessoas.

Listas de oração

Algumas pessoas gostam de usar listas de oração. Contudo, devemos tomar cuidado para que a nossa vida de oração não se transforme em uma mera rotina, em que citamos pessoas e seus pedidos. Mais uma vez, precisamos permitir que o Senhor nos guie e nos ajude a sermos organizados durante esses momentos de oração. Tenho uma lista de oração que sigo diariamente, assim como listas menores para cada dia da semana. Quando oro, às vezes sigo o exemplo de Paulo e "faço menção" de pessoas em minhas orações. Em outras vezes, dedico mais tempo para orar por pessoas específicas e suas necessidades. Normalmente, intercalo as minhas súplicas com a leitura e a meditação de algumas passagens da Palavra, mas as nossas orações não devem se limitar ao que está escrito em nossas listas. Devemos permitir que o Espírito nos traga à lembrança algumas necessidades, e devemos obedecer-lhe quando ele falar conosco. Lembre-se de que a oração não é uma rotina de pedidos, mas sim uma relação de amor entre você e o Senhor, e embora seja bom que nos organizemos ao fazer isso, também deve haver espaço para o espontâneo e o inesperado.

É impossível orar por todas as pessoas de todos os ministérios, por isso, devemos permitir que o Senhor fale ao nosso coração para que possamos fazer nossas orações como ele deseja. Duas ou três vezes ao ano, devemos examinar as nossas listas de oração e orar a respeito delas. Se elas estiverem mais longas do que o tempo que podemos dedicar a elas, talvez as nossas orações tenham se transformado em meras citações de nomes e pedidos, em vez de uma intercessão guiada pelo Espírito Santo. Já tive uma experiência em que eu estava orando fielmente sobre uma questão e senti o Senhor "afastar" o meu coração daquilo. Então, entreguei isso a ele e segui em frente. Não se sinta culpado se precisar abandonar algum item da sua lista. Apenas certifique-se de que a sua motivação para fazer isso está certa e de que é o Senhor que está por trás dessa decisão.

Calendários de oração

Ao longo dos anos, o Senhor tocou o meu coração e o de minha esposa em relação a determinados ministérios que ajudamos financeiramente e com nossas orações, e gosto de usar os seus calendários. Algumas dessas folhinhas são excelentes. Elas listam nomes de pessoas (quando é seguro) e me dizem onde essas pessoas estão, qual é o seu ministério e de que elas precisam. Gosto de pedidos de oração específicos. Não sei orar direito por pedidos nebulosos, como "o time de basquete feminino", ou "que o nosso coração esteja sempre entregue ao Senhor". Fico especialmente perplexo quando leio "pensamentos devocionais" para o dia em vez de um pedido específico de oração.

Por já ter sido associado a incontáveis ministérios internacionais, conheço os problemas envolvidos na produção e distribuição de calendários de oração, mês após mês. Porém, isso não deveria impedir que os autores nomeassem necessidades específicas para cada dia. "A conferência espanhola anual está agendada para os dias 10 a 15 de maio" e leio onde, quando e o quê, e já conheço o suficiente sobre esse tipo de convenção para saber como orar de forma inteligente durante aquela semana. Quando uma reunião é cancelada tarde demais, não dando a chance de o editor tirá-la do calendário, o Espírito de Deus sabe de todas as coisas e guiará as nossas orações (Rm 8.26,27). As folhinhas de oração deveriam nos apresentar pedidos de ajuda das pessoas que estão nas trincheiras, e não reflexões devocionais ou *belles lettres* (definição: literatura elegante e polida, irrelevante para aquela questão ou assunto).

Livros de devocional

Se quiser usar um livro devocional, ou qualquer outra obra cristã que nutra a sua vida espiritual, procure lê-los *depois* de terminar a sua meditação nas Escrituras e o momento de oração. Você não deseja que mesmo o melhor livro cristão roube o lugar da sua Bíblia. As palavras da verdade que Deus tem especificamente para sua vida sempre serão mais importantes do que aquilo que pode ser encontrado em algum livro.

Sempre gosto de recomendar livros que já foram escritos há alguns anos — ou alguns séculos! Deus nos guia "nas veredas da justiça" (Sl 23.3b), e a palavra traduzida como "veredas" significa "caminhos já conhecidos". Cuidado com autores que afirmam ter descoberto novas verdades que ninguém jamais ouviu falar. Eles, provavelmente, não fizeram leituras antigas o suficiente. Os "caminhos conhecidos" que podem nos guiar a uma vida santa, são os mesmos caminhos trilhados pelos patriarcas, profetas, apóstolos, mártires, pais da igreja e homens e mulheres tementes a Deus de todas as épocas.

Clássicos como *Imitação de Cristo,* de Tomás de Kempis, *Confissões,* de Agostinho, *Praticando a presença de Deus,* de Irmão Lawrence, *O peregrino,* de John Bunyan e *Um sério chamado a uma vida devota e santa,* de William Law, nos ajudam a encontrar o caminho. Existem alguns "clássicos modernos" que também são bastante úteis, como *O conhecimento de Deus,* de J. I. Packer, *Em busca de Deus,* de A. W. Tozer, *Em busca de Deus* (*Teologia da alegria*), de John Piper e *Um testamento de devoção,* de Thomas Kelly.

É claro que tudo o que lemos deve ser testado pela Palavra de Deus (Is 8.20). No entanto, acredito que posso aprender com pessoas que pensam diferente de mim em algumas questões. Na verdade, durante mais de cinquenta anos de ministério, descobri que Deus abençoa pessoas de quem discordo! "Mas ponham à prova todas as coisas e fiquem com o que é bom. Afastem-se de toda forma de mal." (1Ts 5.21,22).

Você deve adaptar a abordagem sugerida por mim a fim de que ela se encaixe em sua jornada espiritual pessoal e atenda às suas necessidades específicas. Mas, por favor, saiba que essa abordagem não funcionará caso tente espremê-la em dez minutos de leitura e oração frenéticas. Você precisa dedicar tempo "para ser santo". Se a vida devocional disciplinada é algo novo para você, talvez deva começar com um tempo mais curto, aumentando-o gradualmente. Pode começar com dez ou quinze minutos; mas, certifique-se de realmente aumentar esse período. À medida que o nosso apetite espiritual amadurece, passamos a necessitar de mais tempo dedicado à Palavra e à oração. Caso contrário, não ficaremos satisfeitos.

Sempre em diálogo sagrado

A vida cristã é uma aventura, e precisamos seguir os caminhos conhecidos e já trilhados por aqueles que vieram antes de nós, mas isso não significa que a nossa vida não possa ter novidade! Sempre podemos aprender novas verdades, conhecer novos passos de fé, descobrir novos fardos para carregar, assumir novas batalhas para lutar e receber novas bênçãos para compartilhar. Paulo chamou isso de "vida nova" e de "novo modo do Espírito" (Rm 6.4; 7.6).

Imagine-se trilhando o caminho com o próprio Deus (o Espírito Santo habitando dentro de você), andando e conversando com ele. Se você está em um relacionamento com o Senhor, ele está conversando com você ao longo de toda a sua caminhada. Ele fala com você por meio da sua Palavra, e você o ouve atentamente. Você fala com o Senhor em oração e sabe que ele escuta cada palavra. Esse caminho de disciplina (ou discipulado) pode ser um tópico batido, mas o diálogo entre a Palavra de Deus e as suas orações é completamente único e pessoal. É a própria essência da "novidade" de vida e espírito.

Bem... a aula chegou ao fim. Mas, que o aprendizado continue!

Perguntas para discussão

1. Descreva como você se sente ao aproximar-se do trono da graça de Deus.

2. Como você experimenta o amor de Deus por intermédio de suas orações?

3. Por quais motivos somos tão resistentes à disciplina em nossa vida de oração?

Notas

1. TOZER, A. W. *Of God and Men.* Camp Hill, PA: Christian Publications, 1995, p. 79.

Bibliografia selecionada

BOSWELL, James. *The Life of Samuel Johnson*. London: Penguin Classics, 2008.

CHAMBERS, Oswald. *Disciples Indeed*. London: Marshall, Morgan & Scott, 1973.

SPURGEON, Charles. *Metropolitan Tabernacle Pulpit*, volume 15. London: Passmore & Alabaster, 1869.

TOZER, A. W. *Rut, Rot, or Revival: The Condition of the Church*. Camp Hill, PA: Christian Publications, 1992.

The Westminster Collection of Christian Quotations: Over 6,000 Quotations Arranged by Theme. Compiled by Martin H. Manser. Louisville, KY: Westminster John Knox, 2001.

Créditos bíblicos

Salvo indicação em contrário, todas as citações bíblicas são da versão da Bíblia Sagrada Nova Versão Internacional (NVI).
O autor acrescentou o itálico às citações bíblicas para dar ênfase.

Esta obra foi impressa no Brasil e conta com a
qualidade de impressão e acabamento
Geográfica Editora.

Printed in Brazil.